Die Heranziehung der Anlieger zu den Straßenbaukosten

auf Grund des § 15 des Fluchtliniengesetzes vom 2. Juli 1875

in Entscheidung, Kostenberechnung und bildlicher Darstellung.

Von

Gemeinde-Baurat **Carl Saß,**
Königl. Regierungsbaumeister a. D.

Berlin 1913.
J. Guttentag, Verlagsbuchhandlung,
G. m. b. H.

Vorwort.

Die Pflicht der Anlieger, zu den Straßenbaukosten beizutragen, sobald sie Gebäude errichten, findet ihre Begründung in dem § 15 des Fluchtliniengesetzes vom 2. Juli 1875, mit dessen Auslegung sich die Rechtsprechung der höchsten Gerichtshöfe, namentlich das Oberverwaltungsgericht, in eingehender Weise beschäftigt hat. Demgegenüber ist die auf diesem wichtigen Gebiete herrschende Unkenntnis befremdend. Sie dürfte ihre natürliche Erklärung darin finden, daß für die Erwerbung umfassender Kenntnisse auf dem Gebiete des Fluchtlinienrechts ein sehr eingehendes Studium erforderlich ist. — Fast jeder Straßenbau zeitigt Einsprüche, Klagen und Beschwerden, zu deren Bearbeitung ein Heer von Beamten anderen wichtigen Aufgaben entzogen wird — die politische Rückwirkung auf die grundbesitzende Bevölkerung ist nicht ausgeblieben. Aus der Kenntnis dieser Mißstände heraus ist bei voller Wahrung der Wissenschaftlichkeit für die Bearbeitung die vorliegende Form der Darstellung gewählt worden; sie will das Verständnis für den § 15 in leichter und anschaulicher Weise, die Einzelfrage mehr aus dem Zusammenhange herausgelöst, vermitteln; sie bringt nicht allein reine, sondern angewandte Theorie — Praxis. Es ist auch Wert darauf gelegt worden, neue Fragen in den Kreis der Betrachtung zu ziehen.

Der in vier Teile zerlegten Arbeit dient als Grundlage der beigefügte Straßenplan der Ringstraße. Dieselbe ist als geschlossene Straße dargestellt, welche von fertigen und projektierten Straßen, der Eisenbahn, einem Kanal und öffentlichen Flusse gekreuzt resp. berührt und an einem fremden Gemeindebezirk, Privatwegen, Parkanlagen, an 203 Wasser- und Landgrundstücken von verschiedener Art und Charakter vorübergeführt wird. Im ersten Teil sind an Hand von 183 Beispielen die Begriffe und Bedeutung der Ortsstatute, angrenzenden Eigentümer, Errichtung der Gebäude, Lage derselben an der Straße, Heranziehung der Eigentümer nach Verhältnis der Länge ihrer die Straße berührenden Grenze, wirtschaftlichen Einheit und der Beiträge behandelt worden. Im zweiten Teil ist die Abrechnung der Ringstraße enthalten, dieselbe umfaßt die Freilegung, erste Einrichtung, Entwässerung und Beleuchtungsvorrichtung an Hand von Erläuterungen zu 72 Einzelpositionen. Im dritten Teil erfolgt die Umlegung der Beiträge auf die Eigentümer der an der Ringstraße belegenen 203 Grundstücke. Der vierte Teil behandelt 143 Einsprüche, Klagen und Beschwerden in der Weise, daß vorerst der Einspruch usw. begründet, sodann die Belehrung erteilt wird.

Berlin-Mariendorf, im Oktober 1912.

Carl Saß.

Inhaltsverzeichnis.

Abkürzungen.

A. a. O. = am angeführten Ort.
Abs. = Absatz.
Anm. = Anmerkung.
Aufl. = Auflage.
Bd. = Band.
bezw. = beziehungsweise.
BGB. = Bürgerliches Gesetzbuch.
d. h. = das heißt.
DJZ. = Deutsche Juristenzeitung.
E. = Entscheidung.
Erg. Bd. = Ergänzungsband.
ev. = eventuell.
FlG. = Fluchtliniengesetz.
Friedrichs = Friedrichs-von Strauß und Torney, Das Gesetz, betreffend die Anlegung und Veränderung von Straßen und Plätzen in Städten und ländlichen Ortschaften, vom 2. Juli 1875.
Germershausen = Wegerecht und Wegeverwaltung.
Görres = Ausgewählte Entscheidungen des Preußischen Oberverwaltungsgerichts.
GS. Gesetz-Sammlung.
J. = Jahrgang.
Joh. = Johow-Ring, Jahrbuch für Entscheidungen des Kammergerichts.
Jur. Woch. = Juristische Wochenschrift.
KAG. = Kommunalabgabengesetz.
KG. = Kammergericht.
K.R. = Kommunale Rundschau.
v. K. u. D. = von Kamptz und Delius, Die Rechtsprechung des Reichs und Kammergerichts.
K. u. K. = Kunze und Kautz, Die Rechtsgrundsätze des Oberverwaltungsgerichts.

LVG. = Gesetz über die allgemeine Landesverwaltung, vom 30. Juli 1883.
MBl. = Ministerialblatt für die gesamte innere Verwaltung.
ME. = Ministerialerlaß.
M. E. = Meines Erachtens.
Noell-Freund, Kommunalabgabengesetz.
Nr. = Nummer.
OTr. = Obertribunal.
OVG. = Oberverwaltungsgericht.
PrVBl. = Preußisches Verwaltungsblatt.
R. = Das Recht.
R. f. G. = Rundschau für Gemeindebeamte.
RG. = Reichsgericht.
S. = Seite.
Selbstv. = Selbstverwaltung.
Strieth. = Striethorst, Archiv für Rechtsfälle.
St. Z. = Städtezeitung.
vergl. = vergleiche.
Verw. Arch. = Verwaltungsarchiv.
z. B. = zum Beispiel.
Z. f. K. u. K. = Zeitschrift für Kommunalwirtschaft und Kommunalpolitik.
Z. f. P. u. V. = Zeitschrift für Polizei- und Verwaltungsbeamte.
ZS. = Zivilsenat.

Die Heranziehung der Anlieger zu den Straßenbaukosten auf Grund des § 15 des Fluchtliniengesetzes vom 2. Juli 1875 in Entscheidung, Kostenberechnung und bildlicher Darstellung.

---

§ 15.

Durch Ortsstatut kann festgesetzt werden, daß bei der Anlegung einer neuen oder bei der Verlängerung einer schon bestehenden Straße, wenn solche zur Bebauung bestimmt ist, sowie bei dem Anbau an schon vorhandenen bisher unbebauten Straßen und Straßenteilen von dem Unternehmer der neuen Anlage oder von den angrenzenden Eigentümern — von letzteren, sobald sie Gebäude an der neuen Straße errichten — die Freilegung, erste Einrichtung, Entwässerung und Beleuchtungsvorrichtung der Straße in der dem Bedürfnisse entsprechenden Weise beschafft, sowie deren zeitweise, höchstens jedoch fünfjährige Unterhaltung, beziehungsweise ein verhältnismäßiger Beitrag oder der Ersatz der zu allen diesen Maßnahmen erforderlichen Kosten geleistet werde. Zu diesen Verpflichtungen können die angrenzenden Eigentümer nicht für mehr als die Hälfte der Straßenbreite, und wenn die Straße breiter als 26 Meter ist, nicht für mehr als 13 Meter der Straßenbreite herangezogen werden.

Bei Berechnung der Kosten sind die Kosten der gesamten Straßenanlage und beziehungsweise deren Unterhaltung zusammen zu rechnen und den Eigentümern nach Verhältnis der Länge ihrer, die Straße berührenden Grenze zur Last zu legen.

Das Ortsstatut hat die näheren Bestimmungen innerhalb der Grenze oder einem anderen Maßstabe, insbesondere auch nach der bebauungsfähigen Fläche, vorstehender Vorschrift festzusetzen. Bezüglich seiner Bestätigung, Anfechtbarkeit und Bekanntmachung gelten die im § 12 gegebenen Vorschriften.

[Für die Haupt- und Residenzstadt Berlin bewendet es bis zu dem Zustandekommen eines solchen Statuts bei den Bestimmungen des Regulativs vom 31. Dezember 1838.]

Einleitung.

Die Fluchtlinien der Ringstraße, einer früheren am 1. April 1904 von der Gemeinde übernommenen Provinzialchaussee, sind unter dem 1. März 1881 festgesetzt worden. Für den westlich der Eisenbahn belegenen Teil wurde eine Straßenbreite von 20,0 m und eine Vorgartenbreite von 5,0 m auf jeder Seite vorgesehen, in dem östlichen Teil eine Straßenbreite von 12,0 m. Für den letzteren Teil fand unter dem 1. Mai 1903 eine Veränderung statt, indem die bisherigen Fluchtlinien aufgehoben und neue in Breite von 20,0 m festgesetzt wurden. Das erste auf Grund des § 15 des Fluchtliniengesetzes erlassene Ortsstatut datiert vom 1. Oktober 1882 (war jedoch ungültig); das zweite wurde am 1. Oktober 1884, das dritte am 1. Januar 1900 erlassen. Die Ringstraße war am 1. Oktober 1906 fertiggestellt. Das Ortsstatut auf Grund des § 12 des Fluchtliniengesetzes, betreffend das Verbot der Errichtung von Wohngebäuden an Straßen, welche noch nicht gemäß den baupolizeilichen Bestimmungen des Orts für den öffentlichen Verkehr und Anbau fertig hergestellt worden sind, datiert vom 1. Juli 1883; die diesbezüglichen baupolizeilichen Bestimmungen sind am 1. Mai 1884 erlassen. — Die Ringstraße ist in dem beigefügten Plan als eine geschlossene Straße dargestellt, welche von fertigen und projektierten Straßen, der Eisenbahn, einem Kanal und einem öffentlichen Fluß gekreuzt resp. berührt und an einem fremden Gemeindebezirk, Privatwegen, Parkanlagen, Wasser- und Landgrundstücken von verschiedener Art und Charakter vorübergeführt wird.

Erster Teil.*)

A. Bedeutung des Ortsstatuts.**)

[2] ***) Das Gebäude ist am 1. April 1882 mit baupolizeilicher Erlaubnis errichtet worden!

Der Eigentümer kann zu den Straßenherstellungskosten nicht herangezogen werden, weil das Gebäude vor Erlaß des Ortsstatuts vom 1. Oktober 1884 errichtet worden ist, OVG. 17 S. 173; 38 S. 129; OVG. 4. März 1896, PrVBl. 17 S. 353; OVG. 11. Dez. 1905 (IV 1759), PrVBl. 27 S. 628. Da das unter dem 1. Mai 1882 erlassene Ortsstatut ungültig ist, ist das unter dem 1. Oktober 1884 erlassene als das erste auf Grund des § 15 zustande gekommene anzusehen, OVG. 11. Dez. 1905 (IV 1759) PrVBl. 27 S. 628. Das Gebäude ist zwar nach dem Zeitpunkt des Beginns (vergl. OVG. 15 S. 155; 19 S. 85; 38 S. 141; 39 S. 52; 44 S. 104; 45 S. 93; 59 S. 105; 21. März 1904 PrVBl. 25 S. 747; 7. Juni 1909 PrVBl. 31 S. 599; Saß, FlG. S. 74 ff., Saß, KAG. S. 108 ff.) der Anlegung der Straße errichtet worden, als welcher im vorliegenden Falle das Datum der Fluchtlinienfestsetzung vom 1. März 1881 anzusehen ist, aber eine Heranziehung zu den Straßenbaukosten kann nur erfolgen, wenn die Errichtung unter einem Ortsstatut auf Grund des § 15 stattgefunden hat (vergl. die eben angeführten Entscheidungen). Entscheidend bleibt immer der Gesichtspunkt, daß der Akt der Errichtung eines Gebäudes erst durch das Statut zu einem den Erbauer verpflichtenden Titel werden kann, dieser Eigenschaft aber so lange ermangelt, als das Statut nicht erlassen ist. OVG. 4. März 1896, PrVBl. 17 S. 353, K. u. K. 3 S. 87 Anm.

---

*) Im ersten Teil findet die Erörterung des § 15 an Hand von Entscheidungen und Besprechungen statt, welche sich besonders zur zeichnerischen Darstellung (siehe Plan der Ringstraße) eignen.

**) Vergl. S. 56—60.

***) Die Zahlen in [] bedeuten die laufenden Nummern der Grundstücke in dem Plan der Ringstraße.

[3] Das Gebäude ist nach dem 1. November 1884 errichtet worden!

Der Eigentümer ist beitragspflichtig, weil das Gebäude unter der Herrschaft des Ortsstatuts vom 1. Oktober 1884 errichtet worden ist (siehe Entscheidungen unter [2]).

[4] Das Gebäude ist am 1. September 1884 ohne baupolizeiliche Erlaubnis in Angriff genommen worden!

Der Eigentümer kann herangezogen werden, denn „eine unbefugte gesetzwidrige Handlung", wie sie der Beginn des Baues vor erteilter Bauerlaubnis darstellt, kann nicht die Wirkung haben, ihm Vorteile zu verschaffen, OVG. 17 S. 184. Der Zeitpunkt der Errichtung des Gebäudes muß jedoch unter die Herrschaft des Ortsstatuts fallen, um die Beitragsforderung gesetzlich begründen zu können.

[5] Der Eigentümer hat am 1. September 1884 auf Grund baupolizeilicher Erlaubnis mit der Errichtung des Gebäudes begonnen und dasselbe am 1. April 1885 fertiggestellt!

Bei vorhandener Bauerlaubnis genügt es zur Freistellung von Straßenbaukosten, wenn vor Erlaß des Ortsstatuts (im vorliegenden Falle des am 1. Oktober 1884 erlassenen) mit dem Bau bereits begonnen ist, OVG. 17 S. 184; OVG. 11. Dez. 1905, PrVBl. 27 S. 628 (vergl. OVG. 44 S. 93); die Vollendung des Baues kann unter Umständen in die Zeit nach Erlaß des Ortsstatuts fallen. OVG. 45 S. 94.

[6] Das Gebäude ist errichtet am 1. Juli 1899 unter Herrschaft des Ortsstatuts vom 1. Oktober 1884!

Dem Einwande, daß der Heranziehung die Aufhebung des Ortsstatuts vom 1. Oktober 1884 durch das am 1. Januar 1900 erlassene entgegenstände, ist entgegenzuhalten, daß der Eigentümer herangezogen werden kann trotz Aufhebung des Ortsstatuts vom 1. Oktober 1884, da dessen Verpflichtungen unter der Herrschaft des neuen Ortsstatuts vom 1. Januar 1900 nicht beseitigt werden, wenn eine solche Regelung nicht ausdrücklich erfolgt ist, OVG. 17. Juni 1896 Nr. II 1239; OVG. 7. Okt. 1896 Nr. II 1841, OVG. 38 S. 127, 56 S. 127.

Würde, was hier nicht vorgesehen ist, z. B. das Ortsstatut vom 1. Oktober 1884 nur die Freilegungskosten verlangen, das vom 1. Januar 1900 dagegen die Pflicht der Anlieger in vollem Umfange des § 15 festsetzen, so würde nur in Ansehung der Freilegungskosten ein zweites Ortsstatut vorliegen, im übrigen, soweit es sich um die neu von ihm begründete Pflicht handelt, die Kosten der ersten Einrichtung usw. zu erstatten, ist es das erste Ortsstatut und das Verhältnis eines späteren zu dem früheren Ortsstatute kommt insoweit nicht in Frage. Die Anlieger, welche unter der Herrschaft des älteren Statuts bauten, hatten also keine weiteren Kosten außer denen der Freilegung der Straße zu erstatten, OVG. 60 S. 118.

B. Angrenzende Eigentümer.*)

Eigentümer ist derjenige, welcher während des Baues Eigentümer der Baufläche ist, RG V. ZS. 30. Okt. 1882, JMBl. 1883 S. 534, v. K. u. D. S. 473. Das Gebäude, welches die Beitragspflicht begründen soll, muß im Zeitpunkt der Entstehung der Forderung auch vorhanden sein, OVG. 60 S. 124.

[83] Das Grundstück gehört zum fremden Gemeindebezirk. Infolgedessen kann der Eigentümer nicht herangezogen werden, OVG. 17 S. 178.

[105] Das Gebäude für den öffentlichen Dienst ist beitragspflichtig, OVG. 23 S. 56. Das Gesetz trifft alle Eigentümer ohne Unterschied, auch Kirchen.

[1] Der Käufer wurde vor erfolgter Auflassung herangezogen, was unzulässig ist, OVG. 1. Mai 1888 Nr. II 485, PrVBl. 10 S. 76.

[165, 166] Bei Anlage eines Erbbegräbnisses ist der Eigentümer (Kirchengemeinde), nicht der Berechtigte, beitragspflichtig, OVG. 42 S. 37.

[176] Das Grundstück gehört 3 Eigentümern. Jeder Miteigentümer kann zu dem vollen Anliegerbeitrag herangezogen werden, OVG. 43 S. 13, 15; 45 S. 86.

[167] Das Gebäude ist am 1. Oktober 1907 für einen ganz bestimmten Zeitraum errichtet; beitragspflichtig, OVG. 10. Dez. 1900 (IV 2001), PrVBl. 22 S. 444; 4. Februar 1904 (IV 194) K. u. K. St.Erg.Bd. 1905/1906 S. 35. Wesentlich ist, daß das Gebäude noch im Zeitpunkt der Entstehung der Beitragsforderung, d. h. nach Fertigstellung der Straße in dem Moment, in welchem die Berechnung der Kosten erfolgt bezw. möglich war, besteht, OVG. 41 S. 107 ff.; 43 S. 13; daß das Gebäude später beseitigt wird, ist belanglos, OVG. 4. Febr. 1904 (IV 194) PrVBl. 25 S. 509 (vergl. OVG. 60 S. 124, 125).

---

*) Vergl. S. 60.

[68] Der Eigentümer hat am 1. Oktober 1905 ein Gebäude errichtet, dasselbe im November 1907 abgebrochen; beitragspflichtig, OVG. 43 S. 14.

[47] Das Gebäude ist unter Vorbehalt jederzeitigen Widerrufs am 1. April 1907 errichtet; beitragspflichtig, OVG. 10. Dez. 1900, PrVBl. 22 S. 444, K. u. K. S. 141; 23. Dez. 1907, PrVBl. 29 S. 1012, K. u. K. St. Erg. 1907/1909 S. 45 vergl. S. 32, 64.

[181] Das Gebäude ist ohne Wissen und Wollen des Besitzers am 1. Januar 1901 errichtet, die Beitragspflicht entsteht nicht, OVG. 23. Dez. 1907 (Rep. Nr. IV C 164/07), PrVBl. 29 S. 1012. Sie entsteht, sobald der Fortbestand des Gebäudes von ihm zugelassen, OVG. 2. April 1908 (Rep. Nr. IV C 175/07), PrVBl. 30 S. 442, K. u. K. St.Erg. 1907/1909 S. 46.

[177] Das Gebäude befindet sich auf der projektierten Straße. Es entsteht die Beitragspflicht, OVG. 60 S. 123.

[64] Das Gebäude der Landesverteidigung ist beitragspflichtig, OVG. 21. Nov. 1907, PrVBl. 29 S. 954, K. u. K. St.Erg.Bd. 1907/09 S. 45.

C. Sobald sie Gebäude errichten.*)

Der Gebäudebegriff des § 15 ist nicht eng umschrieben. Die Definition ist schwierig, weil unter „Gebäude" nicht allein solche zu verstehen sind, welche von Menschen und Tieren benutzt werden, sondern auch diejenigen, welche zur Aufbewahrung von beweglichen Gegenständen dienen. Eine weitere Schwierigkeit verursacht die Feststellung der Grenze, bei welcher wegen Geringfügigkeit der Anlage (OVG. 4. Nov. 1909 (IV C 248. 08), PrVBl. 31 S. 852) der Begriff des Gebäudes ausscheidet. Nach dem gewöhnlichen Sprachempfinden stellt man sich unter „Gebäude" eine mit dem Boden verbundene Anlage vor, welche in ihrem Umfange nicht zu klein bemessen ist, dabei von stabiler Bauart, während der Ausdruck „bauliche Anlage" ohne Rücksicht der Beschaffenheit sowohl größere als auch kleinere Anlagen umfaßt, Hoch- und Tiefbauten (KG. 15. Jan. 1891, PrVBl. 13 S. 615, Joh. 11

*) Vergl. S. 60—62.

S. 260). Nach der Entscheidung des OTr. vom 12. März 1863 (Strieth. Bd. 48 S. 240) wird nach dem gewöhnlichen Sprachgebrauch unter „Gebäude" verstanden „ein durch Umfassungsmauern oder -wände umschlossener und gewöhnlich bedachter Raum über der Erde, der ein Behältnis darstellt zum Aufenthalt von Menschen oder Vieh oder zur Aufbewahrung beweglicher Gegenstände". Demgegenüber ist der Begriff des Gebäudes im Sinne des § 15 nach den Entscheidungen weitergehender (vergl. die Ausführungen von Strauß und Torney, 5. Aufl. S. 146 zu §§ 13, 14). So sind nicht notwendig dicht umschlossene Wände. Ein Wagenschuppen auf eingegrabenen Pfosten mit Pappdach stellt ein Gebäude dar, OVG. 6. April 1899, Nr. IV 600. Weiter braucht das Gebäude nicht oberhalb der Erde errichtet zu sein (vergl. S. 22 Nr. 14). Die feste Verbindung mit dem Erdboden ist nicht unbedingt notwendig (vergl. S. 21 Nr. 57, 58). Als ein Kennzeichen der Gebäudeeigenschaft ist anzusehen, daß eine Bodenfläche bebaut wird. Dies ist selbst dann der Fall, wenn ein abgebrochenes oder durch Naturereignis zerstörtes Gebäude an derselben Stelle wieder aufgebaut wird (vergl. S. 23 Nr. 128). Ein Anbau ist nicht unter allen Umständen ein Gebäude, ihm darf nach Konstruktion und Bestimmung nicht jede Selbständigkeit fehlen, OVG. 47 S. 94; 55 S. 90. Ein innerer Umbau begründet nicht die Beitragspflicht (vergl. S. 23 Nr. 17). Ebenso nicht das Vorstrecken von Gebäudeteilen wie Balkon und Erker in den Luftraum (vergl. S. 23 Nr. 124, 126) auch, wenn in der geltenden Baupolizeiverordnung derartige Flächen als bebaute anzusehen sind (siehe Saß, Baupolizeirecht S. 218).

Die Verbindung der Umfassungswände mit dem Dache soll eine angemessene sein, eine Planüberdachung durch Schnüre mit den Umfassungswänden verbunden spricht gegen die Gebäudeeigenschaft (vergl. S. 19 Nr. 162). Die Kleinheit der Anlage spricht nicht ohne weiteres gegen den Gebäudecharakter, OVG. 4. Nov. 1909, PrVBl. 31 S. 852.

Die unten aufgeführten Beispiele sind der Praxis entnommen und haben der Entscheidung der Gerichtshöfe zum großen Teile nicht unterlegen (wo dies der Fall ist, sind die bekannt gewordenen Entscheidungen angeführt). Bei meinem Urteil über die Gebäudeeigenschaft bin ich den Merkmalen der ergangenen Entscheidungen gefolgt, es bleibt aber zu beachten, daß die Gebäudeeigenschaft in Grenzfällen eine streitige bleiben kann.

[7] Das Gebäude ist im Jahre 1907 errichtet!

Schon der Beginn der Errichtung eines Gebäudes macht den Eigentümer der Baugrundstücke beitragspflichtig, und die massive Fundamentierung eines Gebäudes stellt sich als Beginn eines Baues dar, OVG. 25 S. 85.

Der Eigentümer wird auch nicht befreit, wenn er den Bau wieder aufgibt, OVG. 40 S. 102. Vergl. S. 14 Nr. 167.

Für den Umfang der Beitragspflicht ist die Vollendung des Baues maßgebend, OVG. 50 S. 83. Vergl. wirtschaftliche Einheit S. 27.

[117] Die Errichtung des Vordergebäudes im Jahre 1906 erzeugt die Beitragspflicht, trotzdem das Grundstück bereits mit anderen Gebäuden im Jahre 1880 bebaut war.

[8] Das Fabrikgebäude ist ein Gebäude im Sinne des § 15 (der § 15 macht keinen Unterschied zwischen Wohn- und sonstigen Gebäuden).

[157] Das Gebäude ist im Jahre 1902 mit baupolizeilicher Erlaubnis errichtet worden. Infolge Ausbaues der Straße wurde der innerhalb der Fluchtlinienfläche belegene Teil desselben enteignet und abgetragen. Stellt der übrigbleibende Teil noch ein Gebäude dar, was hier der Fall ist, so entsteht die Beitragspflicht.

[129] Die Bahnsteighalle der Eisenbahn stellt ein Gebäude dar, trotzdem sie auf allen vier Seiten offen ist (vergl. S. 18 Nr. 50) OVG. 58 S. 111.

[39] Ebenso die Wartehalle der Straßenbahn.

[24] Das Eisenbahnwärterhaus ist ein Gebäude, auch bei Konstruktion aus Wellblech.

[178] Das Stellwerksgebäude desgl., OVG. 60 S. 115.

[40] Der Wasserturm desgl., ebenso ein Kirchturm, Leuchtturm, Siloturm zur Aufnahme von Getreide.

[183] Der Musiktempel desgl.

[42] Das massive Klärbassin, groß 10,0 · 15,0 · 5,0., oben in Höhe der Erdoberfläche mit einer Decke abgeschlossen, welche mit Einsteigeöffnungen versehen ist, dürfte ein Gebäude darstellen (vergl. S. 22 Nr. 14).

[149] Die automatische massive Pumpstation, bestehend aus einem runden Behälter von 5,0 m Durchmesser und 4,0 m Tiefe, Einrichtungen für den Pumpenbetrieb enthaltend, mit oberer Decke abgeschlossen, dürfte ein Gebäude darstellen (vergl. S. 22 Nr. 14).

[9] Der Revisionsschacht der Schmutzwasserkanalisation, mit fest schließender abnehmbarer Abdeckung versehen, von runder Form, 1,0 m Durchmesser und 2,0 m Tiefe, dient zur Aufnahme des sogenannten Hauskastens, einer Revisionseinrichtung für die Hausentwässerung. Gegen die Gebäudeeigenschaft würde nicht sprechen, daß die Anlage unterhalb der Erdoberfläche errichtet ist (vergl. S. 22 Nr. 14); auch ist dem Erfordernis genügt, daß eine Grundfläche bebaut ist. Kleinheit und Geringfügigkeit stehen der Beitragsforderung nicht entgegen, sofern das, was gebaut worden, als ein „Gebäude" im Sinne des § 15 anzusehen ist, OVG. 4. Nov. 1909 (IV. 248. 08) PrVBl. 31 S. 852. Entgegen steht der Gebäudeeigenschaft u. a. das Empfinden, daß die Anlage eine ungemein bescheidene ist, auch daß die Decke mit den Seitenwänden wohl fest, aber leicht lösbar verbunden ist (vergl. S. 19 Nr. 162). Ich möchte die Gebäudeeigenschaft im Sinne des § 15 verneinen, des § 11 bejahen.

Ähnlich ist eine Brunnenanlage zu beurteilen, trotzdem m. E. bei einer entsprechenden Konstruktion die Gebäudeeigenschaft als vorhanden angesehen werden kann (das Reichsgericht spricht einem artesischen Brunnen (RG. VI. ZS. 25. Mai 1892 E. 30 S. 153) und einem Doppelröhrentiefbrunnen (RG. VII. ZS. 20. Nov. 1903, E. 56 S. 41) die Eigenschaft als Bauwerk ab).

[37] Der Gasometer der Gasanstalt dürfte Gebäudeeigenschaft haben.

[66] Die massive Bogen-Überführung ist kein Gebäude im Sinne des § 15, kann aber ein solches dadurch werden, daß in ihrem Widerlager eine Aussparung vorgenommen, und hierdurch ein abgeschlossener Raum von 4,0 · 6,0 · 3,50 m mit einem Fenster und einer Tür nach der Straße zu entsteht, welcher der Aufbewahrung von Geräten und auch zum Aufenthalt von Menschen dient (vergl. jedoch hierzu die Ausführungen S. 24 Nr. 203).

Ein Viadukt-Bogen stellt kein Gebäude dar, auch wenn in demselben Bretter gelagert werden; dagegen dann, wenn derselbe zum Pferdestall eingerichtet ist, OVG. 19. Mai 1893 Nr. II 552.

[158] Die Errichtung eines Stallgebäudes macht beitragspflichtig (Wohnhaus nicht erforderlich) OVG. 19. Dez. 1894 Nr. II 1739, ebenfalls eines Schweinestalles, OVG. 4. Juli 1898 Nr. 538.

[37] Das Retortenhaus einer Gasanstalt — ein Gebäude, ebenso der Ringofen einer Ziegelei, Hochöfen mit entsprechenden Einrichtungen, Ballonhalle.

[50] Die Feldscheune — ein Gebäude (vergl. S. 17 Nr. 129).

[51] **Das Gewächshaus — ein Gebäude.**

[52] **Die Windmühle — ein Gebäude.**

[159] Der offene Schuppen auf hölzernen Stielen mit Pappdach versehen — stellt ein Gebäude dar, OVG. 11. Nov. 1896 Nr. II 2207, 6. April 1899 Nr. IV 600 (von Strauß und Torney 5. Aufl. S. 146).

[160] Der Ziegelschuppen auf hölzernen Stielen mit Strohdach — ein Gebäude.

Die Errichtung des Schuppens begründet die Beitragspflicht, OVG. 17 S. 173.

[161] Der neu errichtete Holzschuppen, welcher durch Pfähle mit dem Grund und Boden derartig in mechanische Verbindung gebracht ist, daß er als Ganzes und ohne Auflösung in seine einzelnen beweglichen Bestandteile nicht von der Grundfläche getrennt werden kann, ist ein Neubau, KG. 12. März 1896, Johow Bd. 18 S. 277, PrVBl. 21 S. 2.

[162] Schuppen mit Seitenwänden, als oberer Abschluß ein Segeltuch mit Schnüren — kein Gebäude, weil „eine mit einem Bauwerke fest verbundene Bedachung" und damit ein notwendiges Kennzeichen des Gebäudes fehlt, OVG. 15. April 1901 Nr. IV 768, von Strauß und Torney S. 191; ebenso wohl Zeltdach lose auf eisernen Stützen.

[164] Ein in Schuppenform aufgebauter Holzkomplex, wie auf Holzplätzen häufig üblich, ist kein Gebäude.

[163] Das Abortgebäude ist um deswillen nicht beitragsfrei, weil es zu einem andern Gebäude gehört oder weil die Polizeibehörde eine Abänderung der Abortanlage gefordert oder weil für das vor der Anlegung der Straße erbaute Wohnhaus auf demselben Grundstück kein Anliegerbeitrag gefordert werden kann, OVG. 4. November 1909 (IV C. 248 08), PrVBl. 31 S. 852.

[105] Die Kirche ist ein Gebäude. OVG. 23 S. 52.

[46] Die Glasüberdachung des Hofes dürfte der Errichtung eines Gebäudes gleich zu erachten sein, trotzdem Umfassungswände auf keiner Seite neu errichtet sind.

[44] Der Schuppen ist aus Gipsdielen errichtet. Es liegt ein Gebäude vor trotz Verwendung leichten Baumaterials.

[152] Der Zirkus, welcher im Jahre 1907 nur für kurze Zeit errichtet ist, erzeugt die Beitragspflicht, wenn Merkmale für die Gebäudeeigenschaft vorliegen.

[196] In dem bestehenden Gebäude wurde eine Durchfahrt angelegt — kein Gebäude, ebenso die Anlegung eines Windfanges.

[45] Die Zuschauertribüne auf dem Sportplatz ist kein Gebäude; anders zu beurteilen, wenn z. B. in den darunter befindlichen Räumen ein Restaurationslokal angelegt ist.

[38] Die öffentliche Bedürfnisanstalt ist ein Gebäude.

[49] Die Errichtung eines kleinen Kontors begründet die Beitragspflicht; 8. Juni 1895 Nr. II 913.

[54] Der Einbau des selbständigen Stalles in ein bestehendes Gebäude, trotzdem drei vorhandene Seitenwände benutzt werden, kann ein Gebäude darstellen.

[165/166] Das ausgemauerte Grab ist kein Gebäude, OVG. 42 S. 37, K. u. K. 3 S. 143. Befindet sich jedoch über dem Grabe ein Aufbau zum Aufenthalt für die Leidtragenden, so liegt ein Gebäude vor.

[55] Die Laube auf hölzernen eingegrabenen Stielen, an den Seiten offen, mit festem Dache, dürfte unter Umständen als Gebäude anzusehen sein (wichtig für die Frage der Laubenkolonien. Vergl. S. 17 Nr. 129). Ein sehr primitiver Schuppen, bestehend aus vier Pfählen, die mit Brettern verbunden, mit Pappe abgedeckt — ein Gebäude, RG. 12. Juni 1912, Zeitschrift für Polizei- und Verwaltungsbeamte 20 S. 410. Jedoch besitzt eine gewöhnliche Laube nicht das Kennzeichen eines Gebäudes, OVG. 31 S. 131.

[175] Taubenschlag, Hühnerstall werden je nach Bauart als Gebäude anzusehen sein.

[56] Der massive freiliegende Backofen dürfte als ein Gebäude anzusehen sein.

[174] Eine massive oben offene Dunggrube ist kein Gebäude.

[173] Umfangreiche Torpfeiler sind keine Gebäude.

[172] Zäune, Einfriedigungen haben keine Gebäudeeigenschaft (RG. V. ZS. 11. April 1888, PrVBl. 9 S. 343. Der Eigentümer ist berechtigt sein Grundstück bis zur tatsächlichen Durchführung der Fluchtlinien einzufriedigen, OVG. 48 S. 372.

[171] Bretterbude auf vier Seiten von Bretterwänden umgeben, mit Pappdach auf Schalung, eingegrabene Pfosten, Tür, Fenster und gedielter Fußboden — ein Gebäude, OVG. 23. Dez. 1901, PrVBl. 23 S. 359 (vergl. S. 20 Nr. 55).

[10] Kleines Waschhaus — ein Gebäude, OVG. 7. März 1896 Nr. II 500; 26. März 1896 Nr. II 600.

Errichtung eines Gebäudes in Folge polizeilichen Zwanges.

[53] Der Eigentümer errichtet auf seinem Fabrikgrundstück eine Badeanstalt für seine Arbeiter auf Grund gewerbepolizeilicher Anordnung. Auch hierdurch wird die Beitragspflicht erzeugt (vergl. S. 19 Nr. 163).

Gebäude ohne feste Verbindung mit dem Erdboden.

[57] Die feste Verbindung mit dem Erdboden ist ein Umstand, der stark für die Gebäudeeigenschaft einer Anlage spricht (vergl. OVG. 23. Dez. 1901, PrVBl. 23 S. 359), jedoch bildet sie keine ausnahmslose Voraussetzung. Die transportable Selterwasserbude kann unter der Berücksichtigung der Bauart, Konstruktion, inneren Ausstattung und der Dauer ihres Bestehens als Gebäude im Sinne des § 15 angesehen werden, OVG. 21. November 1910 (IV C. 56. 10) PrVBl. 32 S. 682.

[58] Das auf einem mit Rädern versehenen Wagengestell angebrachte hölzerne Gartenhaus kann unter Umständen als ein „Wohngebäude" angesehen werden, wenn sich nach dem ganzen Sachverhältnis die Annahme rechtfertigt, daß die vorhandenen Räder zur Fortbewegung der fraglichen Anlage nicht zu dienen bestimmt sind, sich vielmehr nach ihrer Zweckmäßigkeit und damit nach ihrem wahren Wesen nur als ein auf Täuschung berechnetes Ersatzmittel für eine gewöhnliche feststehende Tragekonstruktion kennzeichnen. OVG. 26. Februar 1909 (Rep.Nr. VIII A 107. 07) PrVBl. 31 S. 145.

[59] Eine Baubude, welche ohne feste Verbindung mit dem Erdboden für kurze Zeit aufgestellt, ist kein Gebäude, ebenso Jahrmarktsbude, Schilderhaus usw.

[48] Der Eisenbahnwagen nach Abmontierung des Untergestells auf den Boden ohne weitere Verbindung aufgesetzt, dauernd zum Wohnen und zur Lagerung von Materialien benutzt, ist ein Gebäude.

[60] Die Errichtung einer vorn offenen Verkaufshalle begründet die Beitragspflicht, OVG. 19. Dez. 1894 Nr. II 1739.

Gebäude im und auf dem Wasser.

[141] Die Badeanstalt mit Steganlage, mit abgeschlossenen Zellen für die Badenden versehen, ist ein Gebäude, ebenso eine am Ufer mit dem Erdboden fest verbundene Badezelle.

[144] Die Dampferanlegestelle, bestehend aus Steganlage und einem Pavillon zum Schutz der Reisenden — ein Gebäude.

[142] Das Bootshaus mit fester Überdachung — ein Gebäude.

[143] Der Kahn, dauernd an der Stelle verankert, dem Gottesdienst der Schiffer dienend, dürfte unter Umständen als Gebäude anzusehen sein.

[145] Der Dampferschuppen mit fester Überdachung — ein Gebäude.

[146] Die Schleuse — kein Gebäude.

Anbau an bestehende Gebäude.

[118] Der Vorbau vor dem Vordergebäude ist ein Gebäude.

[11] Das Gebäude ist errichtet am 1. Oktober 1883, der Erweiterungsbau am 1. Juli 1905, letzterer erzeugt die Beitragspflicht, OVG. 25 S. 91.

[14] Der außerhalb der Fundamentmauern eines Hauses angelegte unterirdische Kelleranbau ist, sofern das Ortsstatut nicht etwa gegenteiliges bestimmt, als ein die Anliegerbeitragspflicht begründendes Gebäude anzusehen, OVG. 4. Januar 1909 (Rep.Nr. IV C. 81. 08), PrVBl. 31 S. 328 (vergl. S. 23 Nr. 20).

[170] Die Errichtung einer festgemauerten Veranda, von allen Seiten mit Mauern eingeschlossen, von 40 qm Grundfläche ist als Anbau beitragspflichtig, OVG. 25 S. 95.

[15] Der Klosettanbau, als geringfügige Erweiterung des bisher als Abort benutzten Raumes, von 1,15 . 1,50 m erzeugt nicht die Beitragspflicht, OVG. 47 S. 94. — Die Frage dürfte im gegenteiligen Sinne zu beurteilen sein, wenn das Klosett als Gebäude auf einem bisher unbebauten Grundstück errichtet wird.

[169] Der Anbau des Strebepfeilers erzeugt nicht die Beitragspflicht, OVG. 47 S. 93, K. u. K. St.Erg.Bd. 1905/1906 S. 54.

[168] Der Küchenraum von erheblichem Umfange gilt als Anbau, OVG. 55 S. 89.

Ersatzgebäude.

[16] Ersatzgebäude, bei deren Errichtung die bebaute Fläche keine Vergrößerung erfährt, führen die Beitragspflicht herbei, OVG. 4. Nov. 1909 PrVBl. 31 S. 852.

Umbauten.

Der Umbau begründet nicht die Beitragspflicht, OVG. 29. Okt. 1900 Nr. IV 1556.

[17] Das Gebäude hat innen durch Vermehrung der Räume eine kubische Vergrößerung erfahren, ohne daß eine bisher unbebaute Grundfläche bebaut worden ist — nicht beitragspflichtig, OVG. 23. Mai 1894 PrVBl. 15 S. 496; 43 S. 18.

[18] Der Eigentümer hat eine Scheune unter teilweiser Benutzung der alten Wände zu einem Wohnhaus umgebaut, OVG. 43 S. 19, K. u. K. 3 S. 139. Es entsteht die Beitragspflicht. Vergl. unten Nr. 128.

[19] Das Aufsetzen eines neuen Stockwerkes erzeugt nicht die Beitragspflicht, OVG. 18. April 1904, PrVBl. 25 S. 817, OVG. 43 S. 19, selbst dann nicht, wenn ein neues Treppenhaus ohne Vergrößerung seines Umfanges unter Benutzung einer bis dahin unbenutzten Fläche eingebaut wird, OVG. 25. April 1912, Selbstv. 39 S. 591.

[20] Anlage eines Kellers unter bestehendem Wohnhause erzeugt nicht die Beitragspflicht (vergl. S. 22 Nr. 14). Das Gleiche gilt für Tieferlegung des Fußbodens. Ebenso Ziehen und Entfernen von Zwischenwänden, OVG. 54 S. 87. Änderung der Fassade.

[21] Die Vorderwand eines aus Fachwerk bestehenden Gebäudes ist durch eine um 0,25 m stärkere massive Mauer ersetzt worden, ohne daß eine bisher unbebaute Fläche bebaut wurde. Die Beitragspflicht entsteht nicht.

Wiederaufbau eines Gebäudes.

Vergl. Schultzenstein, Der Wiederaufbau nach dem § 15 des Fluchtliniengesetzes vom 2. Juli 1875, PrVBl. 33 S. 657—660.

[128] Das Gebäude wurde im Oktober 1883 errichtet, brannte am 1. Juli 1885 ab und wurde in dem darauf folgenden Jahr wieder aufgebaut — beitragspflichtig, OVG. 9. Nov. 1905 (IV 1576), OVG. 47 S. 96.

Gebäude in den Luftraum.

[126] Die Errichtung eines Balkons erzeugt nicht die Beitragspflicht, OVG. 41 S. 128.

[124] Die Anlegung eines Erkers erzeugt nicht die Beitragspflicht.

[125] Balkon, mit Glasfenstern geschlossen, auf massiven Pfeilern — kein Gebäude, OVG. 41 S. 128.

Besondere Anlagen.

[203] Das Denkmal ist nicht beitragspflichtig, OVG. 42 S. 43, K. u. K. 3 S. 143.

„Ein Denkmal ist an sich kein Gebäude und wird es auch nicht dadurch allein, daß es Räume umschließt, die zum dauernden Aufenthalt von Menschen dienen können und dienen, wenn solche Räume, wie z. B. bei der Siegessäule zu Berlin, ganz nebensächlich sind und die Denkmalsform des Ganzen überwiegt." An dieser Entscheidung ist von Interesse der Hinweis auf die Bedeutung der Denkmalsform zu den vorhandenen Räumen als gegen die Gebäudeeigenschaft sprechend. Folgt man dieser Entscheidung, so würde man für den Fall unter Nr. 66 (S. 18), welcher eine massive Brückenüberführung anbetrifft, in deren einem Widerlager ein Raum zum Aufenthalt von Menschen und Aufbewahrung von beweglichen Gegenständen eingerichtet ist, die Gebäudeeigenschaft unter Umständen nicht annehmen dürfen, wenn die Anlage der Brücke in ihrer Bedeutung zu den vorhandenen Räumen in einem ähnlichen Verhältnis stände.

[150] Schornstein — kein Gebäude schon von dem Gesichtspunkte, daß der Innenraum nach oben nicht fest abgedeckt ist. Unter Umständen als Gebäude anzusehen, wenn derselbe Träger eine Wasserstation ist oder ihm Vorkammern als Trockenkammern angegliedert sind.

[43] Signalturm der Landesaufnahme — kein Gebäude, ebenso Gittermast, Reklamesäule, Baugerüst, Triumphsäule.

[151] Transformatorsäule. Dieselbe hat einen Durchmesser von 2 m und eine Höhe von 3 m, trägt in sich die Einrichtungen zur Umformung des hochgespannten Stromes, dient zur Aufbewahrung von Instrumenten, welche laufend für den Betrieb gebraucht werden und ist mit verschließbarer Tür versehen — dürfte unter Umständen als Gebäude anzusehen sein.

[37] Drahtseilbahn mit Zentralstation — kein Gebäude, wenn nicht besondere unter den Gebäudebegriff fallende Einrichtungen vorgesehen sind.

[202] Der Aussichtsturm dürfte je nach Gestaltung Gebäudeeigenschaft haben.

[148] Eine festverankerte, drehbare Krananlage, welche mit einem Aufenthaltsraum für die bedienenden Maschinisten versehen ist, umkleidet mit einem Blechmantel, mit Tür und Fensteröffnung versehen — dürfte als Gebäude betrachtet werden können.

[179] Kegelbahn — an sich kein Gebäude, wird zu einem solchen durch ihre Bedachung und die an ihrem Endpunkt befindliche Bretterbude (vergl. OVG. 58 S. 111).

D. Errichtung des Gebäudes „an" der Straße.*)

[95] In der Fluchtlinie errichtete Gebäude sind in der Regel als an der Straße liegend zu betrachten, auch wenn sie nach der Straße keine Öffnungen haben und mit ihr nicht in wirtschaftlicher Beziehung stehen, OVG. 42 S. 37.

[94] Der Eigentümer ist beitragspflichtig, unmittelbare Lage an der Straße nicht erforderlich, OVG. 9. Nov. 1905 (IV 1576) PrVBl. 27 S. 430; OVG. 23 S. 54; 40 S. 98. Es genügen wirtschaftliche Beziehungen, OVG. 7. Juni 1909 (IV C. 227. 08) PrVBl. 31 S. 599.

[93] Auch wenn das Grundstück wegen seiner höheren Lage als die Straße, durch eine Futtermauer von ihr getrennt ist, liegt es an ihr, OVG. 18. April 1904 (Nr. IV 544) PrVBl. 25 S. 817. Ebenfalls wenn das Gebäude tiefer als die Straße liegt.

[156] Auch wenn nur eine durch Türen oder Fenster nicht durchbrochene Wand unmittelbar an der Straße liegt, fehlt es keineswegs ganz an rechtlichen und tatsächlichen Beziehungen zur Straße, z. B. können die Bestimmungen wegen Verunstaltungen der Straßen und Plätze Anwendung finden und es kann die Straße bei Aufstellung von Baugerüsten zur Errichtung und Instandsetzung derartiger Gebäude in Anspruch genommen werden, OVG. 42 S. 42 (vergl. OVG. 13 S. 173; 41 S. 132).

[155] Das Gebäude ist am 1. Oktober 1882 errichtet, am 1. April 1907 sind Fenster nach der neuen Straße ausgebrochen. Hierdurch ist die Beitragspflicht nicht entstanden, OVG. 14. Nov. 1896 (Nr. II 2235).

[180] Die Errichtung des Gebäudes auf Vorgartenland erzeugt die Beitragspflicht, OVG. 43 S. 13, K. u. K. 3 S. 96.

[153] Das Eckgrundstück mit Abschrägung liegt an beiden Straßen.

[121] Das Gebäude ist am 1. Juli 1902 mit der Hinterfront an der in den Fluchtlinien projektierten Straße 122 errichtet worden. Der Ausgang führt nach der Ringstraße. Der Eigentümer kann m. E. zu den Kosten der Ringstraße herangezogen werden. Wird später die Straße 122 ausgebaut, so kommt der Anlieger in die Lage zu den Kosten dieser Straße ebenfalls beizutragen. Wird jedoch der Ausbau der Straße 122 eher beendet als der der Ringstraße, so wird er angesichts der Lage des Grundstücks nur zu den Kosten der Straße 122 herangezogen werden können. Vergl. S. 62.

---

*) Vergl. S. 82, 83.

[22] Das Gebäude hat keinen Ausgang nach der Ringstraße, sondern nach der Feldstraße. Trotzdem tritt die Beitragspflicht für die Ringstraße ein, weil das Gebäude wegen seiner Lage Licht und Luft auch von der Ringstraße empfängt, somit Beziehungen zu dieser Straße hat. Würde man das Gebäude weiter von der Ringstraße abrücken, wird schließlich der Fall eintreten, daß die Beziehungen zur Ringstraße aufhören. Wegen Bedeutung des Ausganges nach der Straße vergl. OVG. 13 S. 174. Wegen der wirtschaftlichen Beziehungen zur Straße, OVG. 11. Juli 1910 (IV C. 76/09) PrVBl. 32 S. 633, OVG. 42; S. 42, 43 S. 30, 10. April 1911, Zeitschrift für Polizei- und Verwaltungsbeamte 1911 S. 270.

[91, 92] Das Grundstück 92 liegt nicht unmittelbar an der Ringstraße, sondern ist von ihr durch das Grundstück des Müller [91] getrennt. Die Beitragspflicht entsteht nicht. Dasselbe würde zutreffen, wenn beide Grundstücke einem Eigentümer gehörten, und selbständig von einander wären, selbst wenn eine Verbindung zur Straße über das vorgelagerte Grundstück führt, OVG. 18. Sept. 1911 (IV C 204/10) PrVBl. 33 S. 404. — Es ist gleichgültig, welche Vereinbarung Müller und Schulze über eine gemeinschaftliche Benutzung ihrer Grundstücke getroffen haben, insbesondere kann von einem Miteigentümerverhältnis keine Rede sein, OVG. IV C. 187/10 vom 6. Juli 1911 D.J.Z. S. 350.

[89] Die Vorgartenfläche ist im Besitze des Eigentümers Krüger, der Rest des Grundstücks im Besitz von Schmidt. Das Grundstück liegt „an" der Straße — Schmidt ist beitragspflichtig, OVG. 43 S. 25; 33 S. 108; 41 S. 107, 113, 114; 25 S. 85. Diese Definition des Eigentümers gibt zu Bedenken Veranlassung (vergl. Saß, KAG. S. 126).

[88] Das mittels eines Privatweges mit der Ringstraße verbundene Grundstück liegt an der Straße — Voraussetzung ist, daß der Privatweg im Besitz des Eigentümers sich befindet und nicht dazu bestimmt ist noch anderen Eigentümern zu dienen, OVG. 46 S. 160.

[123] Das Gebäude ist jenseits der Fluchtlinien der projektierten Straße 122 am 1. April 1908 errichtet. Hier kommt im Sinne des § 15 nicht mehr die Anliegerschaft an der Ringstraße, sondern an der Straße 122 in Frage, auch wenn der Ausgang zur Zeit noch nach der Ringstraße führt.

[13] Das Eckgrundstück liegt an der Ringstraße, trotzdem der Ausgang nach der Wilhelmstraße führt, und in der Ringstraße eine Hausnummer nicht geführt wird, OVG. 31. Okt. 1894 Nr. II 1469.

[71] Der Anbau liegt an der Straße (vergl. OVG. 13 S. 170). Ein Anbau im Innern des Grundstücks, im Hofe hinter anderen Gebäuden ist an der Straße errichtet, OVG. 9. Nov. 1905 (IV 1576) PrVBl. 27 S. 430.

[70] Die Errichtung des Gebäudes an der Straße erzeugte die Beitragspflicht, versehentlich unterblieb die Heranziehung, trotzdem ist dieselbe zulässig bei Errichtung des Hintergebäudes. Die Verjährung der einen Verpflichtung läßt die andere unberührt, OVG. 40 S. 98.

[112] Das Gebäude liegt „an" der Straße, trotzdem es sich seitlich hinter der Grundstücksfront befindet, OVG. 43 S. 31.

[86] Das Grundstück liegt mit den alten Gebäuden an der Parkstraße, es wird ein Wirtschaftsgebäude in der Nähe der Ringstraße errichtet, welches zu dem bestehenden Gehöft gehört. — Die Beitragspflicht zur Ringstraße entsteht, weil das Gebäude Luft und Licht von ihr empfängt.

E. Heranziehung der Eigentümer*)

nach Verhältnis der Länge ihrer die Straße berührenden Grenze — wirtschaftliche Einheit des Grundstücks.

Ist das Gebäude vor Fertigstellung der Straße errichtet, so ist für den Umfang der Beitragspflicht der Zeitpunkt der Fertigstellung der Straße maßgebend, im vorliegenden Falle der 1. Oktober 1906. Wird das Gebäude nach Fertigstellung der Straße errichtet, so ist der Zeitpunkt der Vollendung des Gebäudes maßgebend, da erst in diesem Zeitpunkt übersehen werden kann, welche Frontlänge das mit dem Gebäude besetzte Grundstück hat, OVG. 50 S. 83. Maßgebend für die Heranziehung ist nicht die Frontlänge, welche das errichtete Gebäude an der Straße bemessen einnimmt, sondern die Beitragspflicht richtet sich danach, wie weit das errichtete Gebäude mit dem übrigen Grundstück im Zeitpunkt der Entstehung der Forderung eine wirtschaftliche Einheit bildet.

---

*) Vergl. S. 14, 32, 72.

[85] Die zusammenhängende Fläche eines Eigentümers wird in der Regel als einziges Grundstück angesehen, falls nicht ein Teil der Fläche durch besondere Veranstaltungen als selbständiges Grundstück abgetrennt ist, OVG. 11. April 1896 (Nr. II 727 v. Strauß u. Torney S. 219. Ob demselben mehrere Nummern zugeteilt sind, ist ohne Bedeutung. Es kommt wesentlich auf die wirtschaftliche Benutzung an. Danach sind Hofflächen und die als Haus- und Wirtschaftsgarten benutzten Flächen mit zu berücksichtigen, ohne daß es darauf ankommt, ob sie im Grundbuch auf einem besonderen Blatt eingetragen sind, OVG. 11. Nov. 1896 Nr. II 2207, 24. Febr. 1898 Nr. IV 391, OVG. Bd. 36 S. 63, OVG. 41 S. 107, K. u. K. 3 S. 95. Wenn ein Grundstück demselben Eigentümer gehört, dieselbe Grundbuchblattnummer hat, demselben wirtschaftlichen Unternehmen dient und auf dieselbe Art benutzt wird, so liegt ein einheitliches Grundstück vor, OVG. 18. Nov. 1909 (IV C 43, 09) PrVBl. 32 S. 104.

[195] Das Grundstück besteht aus 3 grundbuchlich getrennten Grundstücken, es wird aber einheitlich benutzt, infolgedessen ist Beitragserhebung für die gesamte Frontlänge zulässig, OVG. 23 S. 52.

[193, 194] Die Vergrößerung des Grundstücks vor Vollendung des Baues hat Einfluß auf den Umfang des Beitrages, OVG. 37 S. 30. Es hat eine Vergrößerung um a b c d stattgefunden, welche außerdem mit dem Grundstück eine Einheit bildet.

[190, 191] Dasselbe Sachverhältnis wie unter [193, 194], nur ist die Fläche a b c d als eine selbständige anzusehen, infolgedessen kann für die hinzugekommende Frontlänge a—d kein Beitrag erhoben werden.

[98, 99] Der Eigentümer kann nach der Heranziehung infolge Vergrößerung des Grundstücks nicht mehr herangezogen werden, ebensowenig kommen ihm nachträglich Verkleinerungen zugute, OVG. 25. April 1890 Nr. II 410, OVG. 41 S. 107, OVG. 1. Juli 1893 Nr. II 751. Unter den vorliegenden Verhältnissen bleibt für die Heranziehung das Grundstück c e f d unberücksichtigt, trotzdem es mit a b c d eine wirtschaftliche Einheit bildet.

[101] Einmündende Privatwege in das Grundstück rechnen als Frontlängen an der Straße mit, wenn sie den wirtschaftlichen Zwecken des Grundstücks dienen, OVG. 41 S. 149 (vergl. S. 26 Nr. 88).

[114, 115, 116] Die Breite der projektierten Straße wird den Eigentümern zugerechnet, OVV. 41 S. 199 Anm. (vergl. Saß, FlG. S. 116). Der Eigentümer ist beitragspflichtig für die Strecke a—b.

[97] Ob eine wirtschaftliche Nutzung der Gebäude stattfindet, ist für die Anwendbarkeit des § 15 ohne Gewicht, OVG. 42 S. 42.

[104] Eine Grundfläche, welche Gebäude mit Nutzungswert, d. h. mit unmittelbarem wirtschaftlichen Nutzen und ohne einen derartigen Nutzungswert einschließt, kann als wirtschaftliche Einheit aufgefaßt werden, OVG. 48 S. 109.

[187, 188] Es ist ohne Bedeutung wenn ein wirtschaftlich einheitliches Grundstück durch irgend welche Einrichtungen (Zaun mit Tür) in einzelne Teile geteilt ist, OVG. 43 S. 30, OVG. 60 S. 117. Im vorliegenden Falle bildet das Villengrundstück eine Einheit, weil es einheitlich als Hausgarten oder Park benutzt wird. Der Zaun a—b steht dem nicht entgegen.

[201] Das errichtete Gebäude bildet mit dem Park eine Einheit, infolgedessen entsteht die Beitragspflicht für die ganze Frontlänge.

[198] Das Grundstück wurde am 1. Februar 1904 bebaut, die wirtschaftliche Einheit umfaßte die Fläche a b c d. Zur Zeit der Entstehung der Beitragsflicht umfaßte die wirtschaftliche Einheit die Fläche a b e f. Infolgedessen ist die Frontlänge a—f maßgebend für die Heranziehung, OVG. 45 S. 88; 37 S. 33; 50 S. 83.

[186] Das Grundstück ist mit Beamten- und Arbeiterwohnungen besetzt und gehört einer Gesellschaft mit beschränkter Haftung. Dasselbe ist als einheitliches Grundstück zu behandeln, wenn nicht die Trennung in selbständige Teile erfolgt war, OVG. 18. Nov. 1909 PrVBl. 32 S. 104.

[102, 103] Für die Anwendung des § 15 schließt eine Verschiedenheit des Eigentums (Alleineigentum an dem einen Grundstück und Miteigentum an den anderen) rechtlich die wirtschaftliche Einheit der beiden Grundstücke aus. Ein Gebäude, welches auf dem im Miteigentume befindlichen Grundstück errichtet worden ist, läßt sich deshalb nicht als auch auf dem nur wirtschaftlich damit verbundenen, aber im Alleineigentume stehenden Grundstück errichtet ansehen, und der Alleineigentümer des letzteren wird nicht, weil er Miteigentümer des ersteren ist, anliegerbeitragspflichtig, OVG. 55 S. 94. Auch wenn beide Grundstücke [102, 103] einheitlich benutzt werden, kann Jäger nicht beitragspflichtig werden.

[24] Die Eisenbahnüberführung verbindet nicht beide Seiten der Straße in der Weise, daß bei Errichtung eines Gebäudes auf einer Seite die andere beitragspflichtig wird.

[130] Der Bahnhofsvorplatz, für Aufstellung der Wagen dienend, bildet mit dem Bahnhof eine Einheit (für Abholung von Reisenden bestimmt), OVG. 20. Juni 1898 Nr. IV 1165.

[131] Das Beamtenwohnhaus des Eisenbahnfiskus ist abgetrennt. Die Beitragspflicht entsteht nur für die Front des Wohngrundstücks, OVG. 28. April 1904, PrVBl. 26 S. 44.

[132] Wird ein Grundstück (Bahnhofsgelände) in Lagerplätze geteilt und verpachtet, so handelt es sich um mehrere selbständige Grundstücke, OVG. 34 S. 101, OVG. 37 S. 113.

[130] Die Errichtung einer Trinkbude auf einem Bahnhofsgrundstück erzeugt für das ganze eine wirtschaftliche und räumliche Einheit bildende Grundstück die Beitragspflicht. OVG. 3. Juni 1901, PrVBl. 22 S. 538.

[119, 120] Die beiden einem Eigentümer gehörenden Grundstücke, welche durch die Wilhelmstraße getrennt sind, können nicht als einheitliche Grundstücke behandelt werden, OVG. 46 S. 159, K. u. K. ErgBd. 1905/1906 S. 38, OVG. 55 S. 97, infolgedessen ist eine Heranziehung für das bebaute Grundstück [119] zulässig.

[67, 69] Zwei demselben Eigentümer gehörige, aber durch das fremde Grundstück von einander getrennte Grundstücke 67 u. 69 können nicht als ein einheitliches Grundstück behandelt werden, selbst nicht, wenn die trennende Grundfläche eine öffentliche Ortsstraße ist und die Grundstücke durch eine Wegeüberführung verbunden sind (OVG. 46 S. 158) OVG. 55 S. 97.

[72—75] Bebaut ein Bauunternehmer ein größeres Terrain nach und nach, dann ist allmähliche Abtrennung statthaft.

[61] Die Kirchhofsgemeinde ist beitragspflichtig für die gesamte Frontlänge durch die Errichtung eines Wohnhauses für den Totengräber und einer Kapelle nebst Leichenhalle (das Grundstück ist durch keinerlei Scheidewände in mehrere selbständige Abteilungen zerlegt), OVG. 17. Sept. 1895 (I 1177), PrVBl. 17 S. 83.

[62, 63] Von dem Kirchhof ist das Stück a b c d abgetrennt und verpachtet und wird für landwirtschaftliche Zwecke benutzt. In diesem Falle entsteht die Beitragspflicht nur für die Strecke a d.

[133, 134] Der Eigentümer hat einen Teil seines Grundstückes (a b c d) als Lagerplatz verpachtet, auf dem sich Bauten nicht befinden.

Für diesen Grundstücksteil ist der Eigentümer nicht beitragspflichtig, OVG. 26. Sept. 1902 (Rep.Nr. IV C 56, 07), PrVBl. 29 S. 707.

[41] Die Uferlänge des öffentlichen Flusses scheidet aus der Verpflichtung der Anlieger aus. Vergl. Nr. 96/200.

[96, 200] Die Straßenfrontlänge des öffentlichen Platzes scheidet aus der Verpflichtung des Anliegers aus. OVG. 30. Jan. 1905, PrVBl. 27 S. 123, OVG. 27. Nov. 1911 (IV C 138, 10), PrVBl. 33 S. 536.

[185] Die Länge des Vorgartens a—b ist maßgebend für die Beitragspflicht, nicht die Länge der Baufront, OVG. 33 S. 105.

[147] Wasserläufe, Gräben sind bebauungsfähig, sie sind jederzeit durch Zuwerfen (falls dies zulässig ist) oder durch Überwölbung in bebauungsfähige Grundstücke zu verwandeln, OVG. 33 S. 124.

[65] Der Reichsmilitärfiskus ist Eigentümer einer Kaserne, einer Garnisonwaschanstalt und eines Arrest- und Gerichtsgebäudes. Wenn die nebeneinander liegenden Teilgrundstücke wirklich z. B. durch Mauern ohne Öffnungen von einander getrennt wären, so würde der Umstand allein, daß sie sämtlich militärischen Zwecken dienen, nicht genügen, um die wirtschaftliche Einheitlichkeit des Gesamtgrundstückes anzunehmen. Die Teilgrundstücke sind durch besondere Veranstaltungen nicht von einander getrennt, wohl aber durch eine Mauer einheitlich eingefriedigt. Die wirtschaftliche einheitliche Benutzung ist zu bejahen, trotz der verschiedenen militärischen Zweckbestimmung der einzelnen auf dem Grundstücke stehenden Gebäude und trotz ihrer Unterhaltung aus verschiedenen Titeln des Ausgabenetats. OVG. 48 S. 108.

[110] Wenn auf einem umfangreichen aus Hof, Gehöft und Garten bestehenden Grundstück ein Nebengebäude, etwa ein Gartenhaus oder ein Stall errichtet worden ist, so ist das ganze Grundstück beitragspflichtig und nicht etwa nur der Teil desselben, der mit dem Nebengebäude in wirtschaftlicher Beziehung steht. OVG. 48 S. 106.

[108] Die Breite des Bauwiches wird für die Straßenbaukosten mitgerechnet.

[139] Der Eigentümer baut auf seinem bisher benutzten Ackergrundstück ein Mietshaus, benutzt das übrige Grundstück weiter als Acker. Die Beitragspflicht entsteht nur für die Länge des Gebäudes.

[26] Wird an der Privatstraße ein Gebäude errichtet, so entsteht die Beitragspflicht für die Strecke a—b.

[27] Zweifelhaft ist, ob durch die Errichtung des Gebäudes außer der Grundstücksfront a—b auch c—d beitragspflichtig wird. Dies wird sich m. E. nach der Größe des eingelagerten Grundstücks richten, ob die Einheitlichkeit des Grundstücks gewahrt bleibt oder nicht.

[29, 135] Die wirtschaftliche Einheit des Grundstücks [29] mit dem gegenüberliegenden Grundstück [135] ist durch die Straße aufgehoben.

[25] Werden zu Bahnzwecken gerade nicht erforderliche Flecke des Bahnhofsgeländes nur gunstweise gegen jederzeitigen Widerruf an Eisenbahnangestellte überlassen, um dort Feldfrüchte zu ziehen, so ist die wirtschaftliche Selbständigkeit dieser Flächen zu verneinen. OVG. 26. Sept. 1907, PrVBl. 29 S. 707.

F. Die Heranziehung zu den Beiträgen.*)

Die Forderung entsteht mit der Errichtung des Gebäudes und der Fertigstellung der Straße; hierdurch wird die Möglichkeit eröffnet, die Heranziehung des Anliegers vorzunehmen. Die Verpflichtung desselben, den Beitrag zu entrichten, entsteht aber erst mit der Heranziehung.

[82] Zwischen dem Zeitpunkt der Entstehung der Forderung und der Heranziehung hat ein Eigentumswechsel stattgefunden, infolgedessen ist die Heranziehung gegen den neuen Eigentümer zu richten, der Vorbesitzer ist befreit. Vergl. Krug. PrVBl. 32 S. 757, OVG. 33 S. 128, RG. 23. Febr. 1899, PrVBl. 20 S. 505.

[81] Die Heranziehung ist an die Ehefrau Wilhelmine Krüger zu richten, als Eigentümerin, der Ehemann haftet nicht. OVG. 53 S. 103.

[80] Der Eigentümer ist im Konkurs. Die Verfügung ist an ihn zu richten, wenn das Grundstück sich noch in seiner Verwaltung befindet. Gehört das Grundstück zur Konkursmasse, so ist die Veranlagung dem Konkursverwalter zuzustellen.

[79] Der Beitrag kann in der Zwangsversteigerung nur geltend gemacht werden, wenn er rückständig ist (§ 27 des Gesetzes vom 13. Juli 1883, § 10 Nr. 3 des Reichsgesetzes vom 24. März 1897, OVG. 33 S. 129,

*) Vergl. S. 69 ff.

37 S. 49), OVG. 30. Jan. 1905 (IV 157), PrVBl. 27 S. 123. Rückständig sind die Beiträge im Sinne des Zwangversteigerungsgesetzes erst dann, nachdem sie zur Hebung gestellt, ausgeschrieben sind, die veranlagte Zahlung nicht erfolgt ist. OVG. 20. Jan. 1898, PrVBl. 19 S. 358.

[78] Das Grundstück des Eigentümers stand zur Subhastation, der Beitrag war noch nicht zur Hebung gestellt, infolgedessen kann die Forderung der Gemeinde im Subhastationsverfahren nicht angemeldet werden. OVG. 17 S. 185.

[77] Waren die Beiträge bei der Zwangsversteigerung nicht angemeldet und von dem Vorbesitzer nicht verlangt, so geht die Verpflichtung auf den neuen Erwerber über, falls nicht Verjährung eingetreten ist.

[76] Ist der Eigentümer herangezogen worden, hat aber vor Entrichtung der Abgabe sein Grundstück veräußert, so haftet der neue Eigentümer nur mit dem Grundstück nicht persönlich, der frühere Eigentümer persönlich.

[184] Das Grundstück ist als Gemeindegrundstück nicht beitragspflichtig, eine Beitragspflicht geht auch nicht auf den Nachfolger über. OVG. 7. Dez. 1903; 44 S. 106.

[127] Die Gemeinde hatte irrtümlich erklärt, für den Straßenteil von der Bahn bis zur Wilhelmstraße keine Beiträge nach § 15 erheben zu wollen, dies steht der Heranziehung jedoch nicht entgegen. OVG. 38 S. 145, K. u. K. 3 S. 110.

[61] Wenn die bei Erbauung der Kapelle nach dem Ortsstatut entstehende Beitragsforderung gestundet bleiben soll, bis durch einen neuen Baufall das Recht der Gemeinde auf denselben Anliegerbeitrag neu entsteht, so ist diese sogenannte Stundung nichts anderes als ein Verzicht auf den durch den Kapellenbau entstehenden Forderungsanspruch. OVG. 21. Dez. 1908 (IV C. 90, 07), PrVBl. 31 S. 275.

[197] Die Gemeinde hat auf den Beitrag verzichtet. Nach §§ 34, 53 der rheinischen Städteordnung vom 15. Mai 1856 bedarf es für den Verzicht auf einen Anliegerbeitrag der Zustimmung der Stadtverordnetenversammlung; für die Landesteile der preußischen Monarchie, in denen die Städteordnung vom 30. Mai 1853 Geltung besitzt, nach §§ 35, 56 der der Stadtverordnetenversammlung, OVG. 43 S. 13, OVG. 21. Dez. 1908 (Rep.Nr. IV C 90, 07), PrVBl. 31 S. 276. Vergl. S. 76.

[23] Der Eigentümer hat am 1. Oktober 1904 ein Gebäude errichtet, seine Heranziehung erfolgte am 10. April 1910, inzwischen war das Forderungsrecht der Gemeinde verjährt (OVG. 37 S. 46). Wird das Gebäude nach Fertigstellung der Straße errichtet, so beginnt die Verjährungsfrist mit Ablauf des Rechnungsjahres, in welchem der Bau vollendet worden ist. OVG. 41 S. 107, 50 S. 88, 37 S. 46, 40 S. 102, 22. Febr. 1906 (IV 298), PrVBl. 28 S. 183. Vergl. S. 76, 77.

[113] Den Eigentümern sind Teilzahlungen gewährt. — Vereinbarung der Zinszahlung liegt außerhalb des Rahmens des Gesetzes, OVG. 18. Jan. 1906 (IV 93), PrVBl. 28 S. 83.

[122] Der Eigentümer als Erbe haftet für den Anliegerbeitrag. OVG. 7. Dez. 1908, Zeitschrift für Polizei- und Verwaltungsbeamte, 1909 S. 347.

Zweiter Teil.

Abrechnung über den Ausbau der Ringstraße.[1])

A. Freilegung.[2]) *)

		ℳ
1.	Die Gemeinde hat das Grundstück [30] am 1. April 1905 zum Preise von 4 000 ℳ für den Straßenbau erworben. Ein Viertel des Grundstücks fällt in die Straße, der Rest bleibt bebauungsfähig [3])	1 000
2.	Die Gemeinde hat das Grundstück [31] am 1. Mai 1905 für den Straßenbau zum Preise von 5 000 ℳ erworben; nach Ausscheidung des Straßenlandes von 1000 qm bleibt das Grundstück nicht mehr bebauungsfähig [4])	2 500
	Übertrag . . .	3 500

*) Vergl. S. 63—65.

[1]) Die Ringstraße ist ausgebaut in einer Breite von 20 m, davon entfallen auf den Fahrdamm 10 m, auf die Bürgersteige je 5 m. Der Fahrdamm ist asphaltiert, die Bürgersteige sind mit Mosaiksteinen befestigt.

[2]) Im Ortsstatut ist vorgesehen, daß die abgetretenen Straßenflächen zum Durchschnittspreise bei der Kostenverteilung angerechnet werden, auch die unentgeltlich (ohne Gegenleistung) abgetretenen. — Unter Freilegung muß jedenfalls verstanden werden: Die Befreiung der Grundstücke von allen den Straßenbau hindernden Anlagen, insbesondere von den etwa darauf befindlichen Baulichkeiten, so daß alle Aufwendungen, welche erforderlich sind, um diese Befreiung zu ermöglichen, zu den Kosten der Freilegung gehören, OVG. 15. Dez. 1891 (II. 1267) PrVBl. 13 S. 242. — Zur Freilegung gehört auch der Ankauf der erforderlichen Grundflächen, OVG. 25 S. 91. Auch die Zinsen einer Kapitalschuld, welche für den Erwerb des Straßenbaues aufgenommen und verwendet worden ist, OVG. 3. Jan. 1898, PrVBl. 19 S. 357. Die Anlieger haben keinen Anspruch auf Abrechnung des Straßenlandes, wenn nicht das Ortsstatut dies vorsieht, OVG. 33 S. 120.

[3]) Die von der Gemeinde für den Straßenbau erworbenen Grundstücke sind mit dem Verkaufswert zur Zeit des Erwerbes in Rechnung zu stellen, OVG. 42 S. 34, 44 S. 114; OVG. 22. Dez. 1904 (IV. 1601).

[4]) Greifen die von der Gemeinde für den Straßenbau erworbenen Flächen ins Baugelände über, ist eventuell höherer oder niederer Wert

		M
	Übertrag . . .	3 500
3.	Die Gemeinde hat aus ihrem Grundstück [136] (Kämmereivermögen) zur Straße abgetreten 100 qm à 20 M [1]) . . .	2 000
4.	Die Gemeinde hat von dem ihr gehörenden öffentlichen Platz [96] 50 qm zur Straße abgegeben. Hierfür sind keine Kosten in Rechnung gestellt.[2])	
5.	Durch Heranrücken der Ringstraße an den öffentlichen Fluß ist ein Stück bisheriger Wegefläche [140] von 100 qm frei geworden und an den Anlieger für 1000 M veräußert. Der Betrag ist von den Kosten des Ausbaues abgesetzt.[3])	
6.	Für Enteignung der bebauten Straßenlandparzellen der Grundstücke [32 u. 157] einschließlich Kosten für Niederlegung der Gebäude abzüglich des Erlöses aus dem Abbruchmaterial [4])	4 000
7.	25 000 qm Straßenland zum Preise von 20 M pro qm freiwillig abgetreten, welche bei der Beitragszahlung berücksichtigt werden sollen	500 000
	Übertrag . . .	509 500

---

einzusetzen, OVG. 42 S. 34, 44 S. 114, 117; OVG. 22. Dez. 1904 (IV 1601). Erstattungsfähig ist im vorliegenden Falle der Gesamtkaufpreis abzüglich des Preises, zu welchem das Restgrundstück zur Zeit des Ankaufs hätte veräußert werden können, OVG. 42 S. 30, 44 S. 144.

[1]) Handelt es sich um Grundstücke, welche ohne Beziehung auf den stattgefundenen Straßenbau erworben sind, so hat die Gemeinde nicht die Wertobjekte, welche sie früher beim Erwerb hingegeben hat, sondern den jetzigen Wert ihres Grundeigentums — vorausgesetzt, daß dieses zu ihrem freien Vermögen gehörte — behufs der Anlegung der Straße verwendet, OVG. 25 S. 94, 45 S. 82. Dasselbe trifft zu, wenn Teile eines Parkes oder einer gärtnerischen Anlage, welche nach Belieben dem Publikum geöffnet werden können, zur Straße gezogen werden, OVG. 25 S. 95.

[2]) Werden öffentliche Wege oder Plätze im Sinne des § 1 des Gesetzes vom 2. Juli 1875 für Anlegung einer neuen Straße benutzt, so hat die Gemeinde kein Opfer gebracht, ist also zum Verlangen eines Kostenersatzes nicht befugt, OVG. 25 S. 95, 42 S. 26.

[3]) Die Gemeinde muß die Beträge, die ihr durch Verwertung der nicht zur Straße gehörigen Wegeflächen zugeflossen sind, von den Gesamtkosten absetzen, OVG. 25 S. 96, 42 S. 26.

[4]) Zur Freilegung gehört auch die Entfernung der im Straßenzuge vorhandenen Baulichkeiten, OVG. 15. Dez. 1891, PrVBl. 13 S. 242; 20. Dez. 1900, PrVBl. 22 S. 445.

		ℳ
	Übertrag . . .	509 500
8.	6000 qm Straßenland im Wege der Enteignung erworben à 20 ℳ[1])	120 000
9.	500 qm Straßenland, welche der Gemeinde geschenkt sind, sind nicht in Rechnung gestellt.[2])	
10.	Die Gemeinde hat das Grundstück [33] einschließlich Straßenland für den Straßenbau im Jahre 1904 für 8000 ℳ erworben und dasselbe ohne Straßenland für 7 900 ℳ weiter veräußert	100
	Übertrag . . .	629 600

[1]) Nach § 13 Abs. 1 Nr. 1 des Fluchtliniengesetzes.

[2]) Der Wert für die abgetretenen Flächen darf nicht in Rechnung gestellt werden, OVG. 36 S. 73. — Landabtretungen, welche ohne Gegenleistungen geschehen und doch kein Recht auf Anrechnung haben, sind solche, welche schenkungsweise unter Verzicht auf jede Gegenleistung und damit auch unter Verzicht auf das ortsstatutarische Recht einer Wertanrechnung erfolgen (vergl. OVG. 27. April 1903, PrVBl. 25 S. 132; OVG. 13 S. 166) 49 S. 74. — Wird der Wert des unentgeltlich abgetretenen Landes bei der Berechnung der Beiträge zu den Straßenbaukosten gut gerechnet, so sind unter dem Durchschnittspreis nicht alle Kosten der Freilegung, insbesondere nicht auch Kosten zu verstehen, welche die Gemeinde etwa für den Abbruch von Gebäuden, für die Wertverminderung des Restbesitzes, für Wirtschaftserschwernisse usw. hat bezahlen müssen, sondern es kann hierbei nur dasjenige berücksichtigt werden, was die Gemeinde nach Abzug derartiger Kosten für den Grund und Boden als solchen bezahlt hat, OVG. 20. Jan. 1910 (IV C 63, 09), PrVBl. 32 S. 283. — Hat ein Anlieger die Abtretung der zur Straße gehörenden Grundstücksfläche bewirkt, weil ihm der Baukonsens ausnahmsweise unter der ausdrücklichen Bedingung, den Grund und Boden unentgeltlich für die Straße zur Verfügung zu stellen, erteilt worden ist, so hat er die Abtretung nicht zur Erfüllung seiner Verpflichtung aus dem Ortsstatut bewirkt und kann nicht verlangen, daß der Wert der abgetretenen Grundstücksfläche auf seinen Beitrag angerechnet werde, OVG 33 S. 120. — Die letzte Entscheidung ist zu beachten. Wird Bauerlaubnis zur Errichtung von Wohngebäuden erteilt an Straßen, welche dem Bauverbot unterliegen, so geschieht dies häufig unter der Bedingung, daß der Anlieger das für die künftige Straße erforderliche Straßenland abtritt. Diese Abtretung, als Gegenleistung für das Nachlassen des Bauverbots, berechtigt nicht ohne weiteres zur Anrechnung des Straßenlandes bei künftigem Ausbau der Straße. Derselbe Fall liegt vor, wenn eine Gesellschaft sich verpflichtet, das Straßenland aufzulassen unter der Bedingung, daß die Gemeinde bereits vor Ausbau der Straße die Errichtung von Wohngebäuden an ihr gestattet. Selbst wenn die Gesellschaft von dieser Erlaubnis nicht Gebrauch macht, dürfte sie kein Recht auf Anrechnung des Straßenlandes haben.

		ℳ
	Übertrag . . .	629 600
11.	Entfernen des Aufwuchses aus dem abgetretenen Straßenland [1])	100
12.	Die Gemeinde hat für 1000 qm Straßenland aus ihrem Kämmereivermögen ein Grundstück in Größe von 500 qm gegen Tausch hingegeben, welches einen Wert von 20 000 ℳ hatte [2])	20 000
13.	Der Gemeinde ist ein Wegeteil von 10 qm zu ihrer freien Verfügung zugefallen; der Wert von 200 ℳ ist von der Rechnung abzusetzen. [3])	
14.	Der Anlieger [137] hat das Straßenland zu dem Preise von 15 ℳ für 1 qm abgetreten, aber sich ein neues eisernes Torgitter ausbedungen. 200 qm à 15 ℳ = 3000 ℳ + 1000 ℳ für ein eisernes Tor [4])	4 000
15.	Entschädigung an einen Schmied, welcher durch Ersitzung das Recht erworben, auf der Straße Hufbeschlag auszuüben	1 900
16.	Entschädigung an Pächter	1 000
17.	Entschädigung für Obstbäume	1 000
18.	Ausroden der Bäume und Sträucher	1 000
19.	Herausnehmen von Bäumen und Wiedereinschlagen zur Wiederverwendung	100
20.	Entfernen von Zäunen und Hecken	2 000
21.	Entfernen von Freitreppen aus dem Straßengelände . . .	1 000
22.	Entfernen von Balkons, deren Unterkante nur 2 m über Bürgersteighöhe lag	400
23.	Entfernen dreier Düker aus dem Straßenzuge	3 000
24.	Abbrechen von gemauerten Gruben, welche zur Aufnahme von Leitungen der Schmutzwasserkanalisation, Wasserleitung usw. dienten	6 000
	Übertrag . . .	671 100

[1]) Ist von dem erworbenen Straßenterrain das Ueberflüssige wieder veräußert, so bleibt der Erlös des letzteren gänzlich außer Betracht und nur der Preis, welcher für das zur Straße wirklich verwendete Terrain bezahlt ist, kommt zur Berechnung, OVG. 20. Mai 1896, Nr. II 953. Friedrichs-v. Strauß u. Torney S. 208.

[2]) Maßgebend ist der Wert des Tauschobjekts zur Zeit des Abschlusses des Vertrages.

[3]) Fällt der Gemeinde ein Wegeteil oder von einem Platze eine Fläche zu ihrer freien Verfügung zu, so ist der Wert von den Kosten der Freilegung abzusetzen, OVG. 25 S. 96, 37 S. 51.

[4]) Die Kosten des Tores gehören nicht zur ersten Einrichtung, sondern zur Freilegung.

		ℳ
	Übertrag . . .	671 100
25.	Bildung von Straßenlandparzellen	4 000
26.	Enteignungskosten	6 000
27.	Kosten für Verträge an den Notar	1 000
28.	Beglaubigung von Entpfändungserklärungen	100
29.	Beschaffung von Unschädlichkeitsattesten	100
30.	Prozeß- und Gerichtskosten	1 000
	ℳ	683 300

B. Erste Einrichtung.[1]

		Einheitspreis ℳ	Gesamtpreis ℳ
1.	13 500 qm Chaussierung aufzubrechen und abzufahren[2])	0,50	6 750
2.	54 000 qm Planum herzustellen, einschließlich Ab- und Anfuhr des Bodens[3])	0,50	27 000
	Übertrag . . .		717 050

[1]) Was zur ersten Einrichtung einer neuen Straße „in der dem Bedürfnisse entsprechenden Weise“ gehört, hat die Gemeinde zu bestimmen, sei es durch allgemeine Festsetzungen im Ortsstatut, sei es durch den besonderen für die einzelne Straße aufgestellten Bauplan, OVG. 3. Jan. 1901 (IV. 11), PrVBl. 22 S. 479; OVG. 35 S. 75. Das Programm kann sich stillschweigend aus Maßnahmen der Gemeinde ergeben. Z. B. aus Beschlüssen über die Ausführung von Arbeiten, OVG. 41 S. 133. Solange eine Straße in der Anlage begriffen ist, kann die Gemeinde das Programm ändern, OVG. 5. Jan. 1905 (IV. 838). Das Programm der Gemeinde ist noch nicht zur Durchführung gelangt, wenn die Nebenanlagen noch nicht vollständig zur Durchführung gelangt sind. Eine Aenderung des Programms und eine Erweiterung während der Herstellung der Straße ist zulässig, so lange das ursprüngliche Bauprogramm auch hinsichtlich der Nebenanlagen noch nicht vollständig zur Durchführung gelangt ist, diese Aenderung und Erweiterung ist auch bezüglich solcher Teile der Straße und solcher Herstellungen zulässig, die bereits dem bisherigen Programm entsprechend ausgeführt waren, OVG. 21. Dez. 1911 (IV C. 192. 10) PrVBl. 33 S. 769.

[2]) Der Wert des gewonnenen Materials ist von der Kostenrechnung abzusetzen.

[3]) Die Erhöhung des Straßenplanums gehört zur ersten Einrichtung, OVG. 15. Jan. 1900 (IV. 1735), Friedrichs-v. Strauß u. Torney, 5. Aufl., S. 209. Ebenso die Tieferlegung des Planums.

	Einheitspreis M	Gesamtpreis M
Übertrag M		717 050
3. 4 800 lfd. m Bordschwellen[1]) zu liefern und zu verlegen	10,00	48 000
4. 27 000 qm Asphaltpflaster des Fahrdammes herzustellen[2])	12,00	324 000
5. 20 000 qm Mosaikpflaster des Bürgersteiges[3]) herzustellen	5,00	100 000
6. 1 700 qm Pflaster der Einfahrten herzustellen[4]) .	10,00	17 000
7. Lieferung von 200 qm Reihenpflaster und 200 qm Mosaikpflaster aus den Beständen der Gemeinde[5])		2 000
8. 850 lfd. m Bordschwellen für den Anschluß der Nebenstraßen[6]) innerhalb der Straßenfluchtlinien der Ringstraße anzuliefern und zu verlegen . . .	10,00	8 500
Übertrag . . .		1 216 550

[1]) Die Wahl des Materials ist Sache der Gemeinde. Der Anlieger kann höchstens dahingehende Wünsche äußern.

[2]) Pflasterung der Straße gehört zur ersten Einrichtung, OVG. 41 S. 140.

[3]) Herstellung des Bürgersteiges gehört zur ersten Einrichtung, OVG. 47 S. 99. Germershausen, Wegerecht und Wegeverwaltung S. 835, OVG. 9. Febr. 1892, PrVBl. 13 S. 288. Der § 15 kommt jedoch nicht zur Anwendung, wenn die Wegebaupflicht einen anderen trifft, z. B. die Anlegung und Unterhaltung der Bürgersteige nach dem Gewohnheitsrecht den Anliegern obliegt.

[4]) Zu dem Bürgersteig gehören auch die Einfahrten, OVG. 28 S. 200. Toreinfahrten gehören zur ersten Einrichtung, OVG. 33 S. 121.

[5]) Wird Material den Beständen der Gemeinde entnommen (z. B. Schüttungsmaterial), so ist sie zur unentgeltlichen Hergabe nicht verpflichtet, OVG. 60 S. 128. Der Materialwert ist der, den die Gemeinde dafür bezahlt hat, nicht der Wert zur Zeit der Verwendung, OVG. 25 S. 93. Dasselbe gilt, wenn die Gemeinde Pflastersteine aus ihren Beständen entnimmt, OVG. 42 S. 30, 44 S. 114. Anderer Meinung Saran FlG. S. 313 „dagegen wird anzunehmen sein, daß Altmaterial z. B. bei Herstellung der Straße mit anderweit gewonnenem, bereits benutzten Pflaster nur zu dem Schätzungswert der Verwendungszeit in Ansatz kommen darf (abweichend Friedrichs = v. Strauß u. Torney)“. Dem Standpunkt von Saran dürfte insoweit beizutreten sein, als die Schätzung des Wertes des Altmaterials nicht höher ausfällt als der Preis, den die Gemeinde dafür gezahlt hat. Es wäre bei bereits in anderen Straßen verwendetem Material der Neuwert einzusetzen abzüglich der Wertminderung durch den Gebrauch, kein Konjunkturwert.

[6]) Uebergänge zur Verbindung mit anstoßenden Straßen gehören zur ersten Einrichtung, OVG. 30. Okt. 1905 (IV 1506), K. u. K., St.Erg., Bd. 1905/1906, S. 33; OVG. 41 S. 143.

	Einheitspreis ℳ	Gesamtpreis ℳ
Übertrag ℳ		1 216 550
9. 3 800 qm Asphaltpflaster für Nebenstraßen wie unter 8 herzustellen	12,00	45 600
10. 290 lfd. m Bordschwellen einmündender[1]) Straßen außerhalb der Straßenfluchtlinie der Ringstraße aufgenommen und in der neuen Höhenlage wieder verlegt	4,00	1 160
11. 200 Kopfsteinpflaster wie unter 10	2,00	400
12. 1 800 qm Mosaikpflaster wie unter 10	2,00	3 600
13. 1 600 qm Hofpflaster[2]) aufgenommen und in anderer Höhenlage wieder verlegt, behufs Herstellung des Anschlusses an die veränderte Höhenlage der Straße	2,00	3 200
14. Besondere Kosten für Anrampung zur Brücke über den öffentlichen Fluß[3])		12 000
15. Brücke über den Stichgraben[4])		18 000
16. Wiederaufstellung von Zäunen, Mauern, Toren zum Abschluß der bebauten Grundstücke[5])		22 000
Übertrag ...		1 322 510

[1]) Wie weit durch Anschlußpflaster in nicht gleichzeitig hergestellte, sondern schon vorhandene oder erst später auszubauende Seitenstraßen oder Abschnitte einzugreifen ist. regelt sich nach Lage des einzelnen Falles und im wesentlichen nach Zweckmäßigkeitsgründen, über welche sich schlüssig zu machen, Sache der Gemeindebehörde ist, OVG. 10. Juli 1902 (Rep. IV. C. 124/01), OVG. 41 S. 150 Anm.

[2]) Wird die Hofumpflasterung weiter ausgedehnt, als durch die verminderte Höhenlage der Straße geboten, so gehört sie nicht mehr zur ersten Einrichtung.

[3]) Die Kosten der Anrampung gehören zur ersten Einrichtung, trotzdem die Brücke über den öffentlichen Fluß einen Bestandteil des öffentlichen Wegezuges nicht bildet.

[4]) Brücke über Privatfluß als Teil der Straße, OVG. 3. Dez. 1901 (II. 1885), PrVBl. 24 S. 5. Dagegen gehören Brücken über öffentliche Flüsse nicht zur ersten Einrichtung der Straße, OVG. 3. Dez. 1901, PrVBl. 24 S. 5. Ob dasselbe für Schiffahrtskanäle gilt, ist sehr zweifelhaft, meist wird für sie besonderes Ortsrecht gelten. Friedrichs-v. Strauß u. Torney S. 210.

[5]) Die Ausgaben für Veränderung von Einzäunungen gehören zu den Kosten des Straßenbaues, OVG. 27. Nov. 1899 (IV. 1889), Friedrichs-v. Strauß u. Torney S. 202. Dagegen gehören die Kosten für Aufstellung von Zäunen, die auf Anordnung der Polizeibehörde an die einzelnen Eigentümer zum Abschluß unbebauter Grundstücke im Interesse der Sicherheit usw. erfolgt ist, nicht zur ersten Einrichtung.

	Einheitspreis ℳ	Gesamtpreis ℳ
Übertrag ℳ		1 322 510
17. Futtermauer mit Geländer am öffentlichen Fluß[1])		62 000.
18. Futtermauern zur Stütze des Erdreichs zu hoch oder zu tief gelegener Grundstücke[2])		12 000
19. Herstellung von gemauerten Gruben zur Aufnahme von Revisionseinrichtungen der Schmutzwasserleitung[3]), Wasserleitung usw. an Stelle der früher im Straßenzuge befindlichen		10 000
20. Aufmauerung und Abstemmen von Kellerkränzen Lichtschächten[4]), einschl. Belegung der Öffnungen mit neuen eisernen Rosten		4 000
21. Aufbesserung und Anstreichen von Fassaden an Gebäuden, an denen Reparaturen im Interesse der Straße vorgenommen werden mußten[5])		5 000
22. Herstellung von Lichtschächten einschl. Abdeckungen vor Kellerwohnungen derjenigen Gebäude, welche infolge Höherlegung der Straße eingeschüttet worden sind[6])		6 000
23. Veränderung von Kellerdecken unter Durchfahrten infolge Tieferlegung der Straße		4 000
Übertrag . . .		1 425 510

[1]) Futtermauer am öffentlichen Fluß gehört zur ersten Einrichtung, OVG. 9. Nov. 1905 (IV. 1576), PrVBl. 27 S. 432. Voraussetzung ist, daß die Futtermauer infolge Anlegung der Straße notwendig ist.

[2]) Schutzmauern und Böschungen gehören zur ersten Einrichtung, OVG. 3. Okt. 1905 (IV. 1506), K. u. K., St.Erg., Bd. 1905/06 S. 33; OVG. 54 S. 92; OVG. 47 S. 97.

[3]) Vergl. S. 24.

[4]) Bei der Aufmauerung von Kellerkränzen und Lichtschachten ist in jedem Falle das Einverständnis des Eigentümers einzuholen. Entstehen aus der Umänderung der genannten Bauteile Schadensersatzansprüche, so rechnen sie zu den Kosten der ersten Einrichtung.

[5]) Ist z. B. ein Vordereingang zum Gebäude entfernt und nach der Seite verlegt worden, so genügt es häufig nicht, nur den verletzten Teil der Frontwand zu putzen und mit Anstrich zu versehen, sondern der Gleichmäßigkeit wegen muß die ganze Fassade gestrichen werden. Die Gemeinde wird zu einer solchen Arbeit nicht erst schreiten dürfen, wenn eine Verunstaltung im Sinne der §§ 66, 71 des Allgemeinen Landrechts vorliegt, sondern den herrschenden Anschauungen Rechnung tragen müssen.

[6]) Vergl. S. 81—83.

	Einheitspreis ℳ	Gesamtpreis ℳ
Übertrag ℳ		1 425 510
24. Herstellung von Gullys auf Höfen und Anschluß derselben an die Regenwasserkanalisation der Straße für diejenigen Grundstücke, welche infolge Erhöhung der Straße das natürliche Gefälle nach dem Rinnsteine eingebüßt haben[1]		6 000
25. Untermauern von Gebäudefundamenten welche infolge der Tieferlegung der Straße zu flach lagen[2]		12 000
26. Abstemmen und Aufmauern der vorhandenen Revisionsschächte der Schmutzwasserkanalisation . .		4 000
27. Anlegung von Fenstervergitterungen, Läden vor den Kellerwohnungen, welche infolge Verbreiterung der Straße unmittelbar am Bürgersteig liegen . .		2 800
28. Versetzen von Kandelabern und Masten der Elektrizitätswerke, Anschlagsäulen usw.		3 000
29. Tieferlegung von Druck-, Wasser-, Gasleitungsrohren, Kabeln usw.		12 000
30. Kastenrinnen zur Überfahrt vom Bürgersteig zum Fahrdamm[3]		200
Übertrag . . .		1 465 510

[1] Nur in solchen Fällen ist es zulässig, Kosten der Grundstücksentwässerung auf die erste Einrichtung der Straße zu übernehmen. Vergl. S. 65.

[2] Dies bezieht sich nicht allein auf Vordergebäude, sondern auch auf weit ab von der Straße liegende Hintergebäude, wenn vor ihnen infolge der Lage der Straße Bodenabtragungen stattfinden müssen, durch welche die Fundamente gefährdet werden.

[3] Kastenrinne, zur Überfahrt vom Bürgersteig zum Fahrdamm dienend, gehört zur ersten Einrichtung, OVG. 33 S. 117. Die Weiterleitung der Dachabfallröhren über das Trottoir nach der Straßenrinne gehört zum Gebiet der Hochbaupolizei. Es kommt dabei der Gesichtspunkt zur Geltung, daß es sich um die unmittelbare, mit der Anlage des Gebäudes direkt verbundene Fortführung, gleichsam die Verlängerung des Hausabfallrohrs, also eines Teils der Dachrinnenanlage handelt, OVG. 31 S. 357. Ein im Bürgersteig liegendes, der Abführung der Hauswässer dienendes Rohr ist vom Grundstückseigentümer zu unterhalten und zu reinigen. Die Baupolizeibehörde ist zu Anordnungen in dieser Hinsicht zuständig, OVG. 53 S. 400.

	Einheitspreis ℳ	Gesamtpreis ℳ
Übertrag ℳ		1 465 510
31. Beschaffen von Meßlatten, Nivellementspfählen, Vorhalten eines Nivellierinstruments durch den Unternehmer [1]		100
32. Höher- und Tiefersetzen der Grenzsteine an den Grundstücken		400
33. Kostenanteil an den verlegten Wasserleitungsröhren, soweit der Querschnitt durch die der Straßenunterhaltung dienenden Straßenhydranten [2]) bedingt ist		8 000
34. Wiederverpflanzen eingeschlagener Bäume [3]) . . .		200
35. Lieferung und Pflanzen von 500 Stück Lindenbäumen [4])	9,00	4 500
36. Nachtbeleuchtung der Baustelle [5])		1 200
37. Aufstellen von Sperrtafeln [6])		50
Übertrag . . .		1 479 960

[1]) Zu den in Rechnung zu stellenden Kosten gehören auch Ausgaben für Meßlatten, OVG. 27. Nov. 1899 (IV 1884), von Strauß und Torney S. 202.

[2]) Die Herstellung einer Wasserleitung bezweckt im allgemeinen und in der Regel eine Versorgung der an der Straße liegenden Häuser mit dem erforderlichen Bedarf an Wasser. Die Ausnahme, daß eine Wasserleitung lediglich oder der Hauptsache nach für die Straße — etwa durch Sprengung zur Spülung der Rinnsteine usw. — bestimmt sei, müßte besonders nachgewiesen werden, OVG. 15 S. 152.

[3]) Verpflanzung der Bäume zur ersten Einrichtung, OVG. 27. Nov. 1899 (IV 1884) Friedrichs-v. Strauß und Torney, 5. Auflage S. 202.

[4]) Eine Baumpflanzung mit Akazien gehört zur ersten Einrichtung, OVG. 24. Febr. 1898 (IV 398). Unter Umständen können Zweifel bestehen, ob Baumpflanzungen zur ersten Einrichtung gehören, Friedrichs-v. Strauß und Torney S. 210.

[5]) Nur die Kosten der Mehrbelastung gegenüber der üblichen dürfen in Rechnung gestellt werden.

[6]) Die Aufstellung von Straßenbenennungsschildern gehört nicht zur ersten Einrichtung, ebenso die von Straßenbrunnen.

	Einheitspreis M	Gesamtpreis M
Übertrag M		1 479 960
38. Insertionskosten		160
39. Gehälter der Bauleitung und Bauaufsicht [1])		14 000
40. Zinsen des Baukapitals [2])		23 200
		1 517 320

[1]) Die Kosten der Bauleitung und Verwaltung können nur dann in Rechnung gestellt werden, wenn und soweit sie gerade durch den Bau der neuen Straße entstanden sind, insbesondere also die Dienstbezüge der besonders für den Bau dieser Straßen angestellten und dabei beschäftigten Personen. Die Gemeinde hat aber nicht das Recht, auch für die Tätigkeit ihrer sonstigen städtischen Beamten, die ohne Beziehung auf bestimmte Straßenbauten für die Erledigung der in der städtischen Verwaltung überhaupt vorkommenden bautechnischen Arbeiten angestellt sind, Kosten zu berechnen, OVG. 5. Okt. 1908, PrVBl. 38 S. 50, DJZ 14 S. 326 Komm. Arch. 1 S. 75. Bearbeitungs- und Bauleitungskosten dürfen nur dann berechnet werden, wenn und soweit sie gerade durch den in Rede stehenden Straßenbau, also durch die besonders für diesen Straßenbau angenommenen Hilfskräfte entstanden sind, OVG. 21. Dez. 1911 (IV C. 192 10) PrVBl. 33 S. 769, Saran S. 311. Einheitssätze, welche die Aufwendungen übersteigen, sind unstatthaft und sind nur, soweit sie sich innerhalb ihrer Grenzen halten, zuzulassen. Dies trifft auch für den Fall zu, in dem $1^1/_2$ % für Bearbeitung, Vermessung, Bauleitung und Absteckung in Ansatz gebracht sind, OVG. 21. Dez. 1911 (IV C. 192 10), PrVBl. 33 S. 769. Anders bei Unternehmer-Straßen, Mützelburg PrVBl. 33 S. 50.

[2]) Zinsen der Anliegerbeiträge können nicht gefordert oder beigetrieben werden. Die Zinsen für Anleihen, welche die Gemeinde zur Herstellung der Straße aufgenommen hat, sind bis zur Fertigstellung der Straße zu berechnen und mit den übrigen Herstellungskosten zu verteilen, OVG. 2. Okt. 1911 (IV C. 142 10) PrVBl. 33 S. 420. — Zu den Straßenherstellungskosten gehören auch die seitens der Stadtgemeinde bis zur Fertigstellung der Straße gezahlten Zinsen einer Kapitalschuld, welche für den Erwerb des Straßenlandes aufgenommen und verwendet worden ist, OVG. 3. Jan. 1898 (IV 9), PrVBl. 19 S. 357. — Kauft z. B. eine Gemeinde im Jahre 1900 ein Grundstück für Zwecke des Straßenbaues, die Straße wird erst im Jahre 1910 fertiggestellt, so ist die Gemeinde berechtigt, die aufgelaufenen Zinsen zu den Kosten des Straßenbaues zu rechnen. Mögen im Einzelfall durch dies Verfahren große Härten entstehen, die Gemeinde ist berechtigt, derartige Zinsen in Rechnung zu stellen, da sie damit nur erstattet verlangt, was sie selbst aufgewendet hat. — Die bis zur Fertigstellung der Straße aufgelaufenen Zinsen können in Rechnung gestellt werden, aber nicht die der Gemeinde beim Verkauf von Wertpapieren erwachsenen Kursverluste, OVG. 60 S. 127. — Bei Spaltung der Beiträge laufen die Zinsen bis zur Fertigstellung des in Frage kommenden Straßenteils. Vergl. Matthias PrVBl. 32 S. 127.

C. Entwässerung.[1])

		ℳ
	Übertrag	1 517 320

	ℳ
1. Die Herstellung von gemauerten Kanälen	150 000
2. „ „ „ Tonrohrleitungen	200 000
3. „ „ „ Revisionsschächten	20 000
4. „ „ „ gemauerten Gullys	16 000
5. Regulierung des Stichgrabens als Vorfluter[2]) . .	14 000
	400 000

Eine unterirdische Regenwasserkanalisation besteht bisher für die Gemeinde noch nicht. Die Querschnitte der Leitungen sind demgemäß nur auf die Entwässerung der Ringstraße zugeschnitten, bis auf eine Vergrößerung in dem südlichen Teil zwischen dem Stichgraben und der Bahnstraße, welche späterhin auf künstlichem Wege von anderen Straßen noch 1 000 Liter in der Sekunde übernehmen soll. Die Kosten dieser Vergrößerung der Querschnitte betragen 40 000 ℳ, die von den obigen Kosten abzusetzen sind, so daß 400 000—40 000=360 000 ℳ zu verrechnen sind. Hiervon entfallen auf die Straßenentwässerung 211 400 ℳ, auf die Grundstücksentwässerung (die hier nicht in Frage kommt) 148 600 ℳ.[3]) 211 400

1 728 720

---

[1]) Nur für Straßenentwässerung, nicht für Grundstücksentwässerung. Vergl. Saß, Fluchtliniengesetz S. 101, Kommunalabgabengesetz S. 62, 63. — Kanalisationsanlagen, welche der Straßenentwässerung (nicht der Grundstücksentwässerung) dienen, gehören zur ersten Einrichtung, OVG. 5. Jan. 1906 (II S. 35) PrVBl. 28 S. 372.

[2]) Voraussetzung ist, daß die aufzuwendenden Kosten in Beziehung zur Entwässerung der Straße stehen. Der Anteil an den Kosten der Grundstücksentwässerung für die Straße darf nicht in Rechnung gestellt werden.

[3]) Nach Aussonderung der die Straßenentwässerung betreffenden Kosten an den Gesamtkosten der Kanalanlage darf dieser Anteil auf alle zur Kanalisation bestimmten Straßen, einerlei, ob sie unter den § 15 fallen oder nicht, gleichmäßig verteilt werden, OVG. 17. Dez. 1908 (Rep. IV C. 197 08) PrVBl. 31 S. 143. — Es ist ein feststehender Grundsatz, daß, wenn ein Straßenkanal gleichzeitig der Entwässerung der Straße wie der Abführung der Abwässer der Grundstücke dient, ausschließlich diejenigen Kanalkosten den Anliegern als Straßenbaukosten in Rech-

D. Beleuchtungsvorrichtung.

	ℳ
Übertrag	1 728 720
Die Kosten für Kandelaber und anteilige Rohr- oder Kabelleitungen soweit sie auf die Ringstraße entfallen (vergl. Saß, FlG. S. 101, 102)	18 000
Summe A—D	1 746 720

---

nung gestellt werden können, welche durch die Straßenentwässerung veranlaßt sind, OVG. 27. Nov. 1911 (IV C. 138 10) PrVBl. 33 S. 537. — Würde es sich nicht wie hier um eine einzelne Straße handeln, sondern um ein umfassendes Gebiet, so würde eine Verteilung der Gesamtkosten auf alle beteiligten Straßen stattzufinden haben, OVG. 40 S. 110, 49 S. 84.

Dritter Teil.

Kostenverteilungsplan
der Straßenbaukosten der Ringstraße.

Die Kosten betragen laut Abrechnung		1 746 720 ℳ
Hiervon sind in Abzug zu bringen:		
1. Aus Pos. 5 der Kosten für Freilegung (S. 36)	1 000 ℳ	
2. Aus Pos. 13 der Kosten für Freilegung (S. 38)	200 „	
3. Aus Pos. 1 der Kosten für die erste Einrichtung (S. 39), für Erlös aus dem gewonnenen Steinmaterial	19 520 „	20 720 „
		1 726 000 ℳ

Vorstehende 1 726 000 ℳ verteilen sich auf 4315 m Anliegerfronten.

Auf 1 lfd. m entfallen $\frac{1\,726\,000}{4315} = 400$ ℳ.

Der Wert der Flächen aus Pos. 7 der Kosten für die Freilegung (S. 36) wird den Anliegern in der folgenden Kostenverteilung gut gebracht.

Nr.*) des Grundstücks	Seite	Frontlänge des Grundstücks m	Abzug für Straßenland ℳ	Beitrag ℳ
1	14[1])	24,0	4 800	4 800
2	12	16,0	3 200	3 200
3	13	16,0	3 200	3 200
4	13	16,0	3 200	3 200
5	13	16,0	3 200	3 200
6	13	16,0	3 200	3 200
7	17	16,0	3 200	3 200
8	17	16,0	3 200	3 200
9	18	16,0	3 200	3 200
10	21	16,0	3 200	3 200
11	22	16,0	3 200	3 200
12	. . . . .	26,0	5 200	5 200
13	26	25,0	5 000	5 000
14	22	18,0	3 600	3 600
15	22	19,0	3 800	3 800
16	22	22,0	4 400	4 400
17	23	22,0	4 400	4 400
18	23	22,0	4 400	4 400
19	23	22,0	4 400	4 400
20	23	22,0	4 400	4 400
21	23	21,0	4 200	4 200
22	26	12,0	2 400	2 400
23	34	15,0	3 000	3 000
24	17, 29[2]) . .	42,0	8 400	8 400
25	32[3])	16,0	3 200	3 200
26	31[4])	62,0	12 400	12 400
27	32	16,0	3 200	3 200
28	. . . . .	5,0	1 000	1 000
29	32	7,0	1 400	1 400
30	35	11,0	2 200	2 200
	Summe	589,0	117 800	117 800

*) Siehe Plan der Ringstraße.

[1]) Die Frontlänge a—b, nicht c—d ist in Rechnung zu stellen.

[2]) Die Beitragspflicht infolge Errichtung des Eisenbahnwärterhauses besteht nicht nur für die Frontlänge b—c, sondern auch gleichzeitig für b—a des Grundstücks Nr. 25, da dieses der Selbständigkeit entbehrt.

[3]) Siehe Bemerkung zu Nr. 24.

[4]) Die Beitragspflicht entsteht für die gesamte Frontlänge a—b, weil es sich nicht um Einzelgrundstücke handelt, sondern um ein Grundstück, welches einem Besitzer gehört. Die Privatstraße trennt nicht das Grundstück in zwei Teile, woraus gefolgert werden könnte, daß der Beitrag nur für die Strecke b—c zu erheben sei — sondern stellt nur eine unbebaute Fläche (Hoffläche) des Grundstücks dar. Dagegen Nr. 72—75.

Nr. des Grundstücks	Seite	Frontlänge des Grundstücks m	Abzug für Straßenland ℳ	Beitrag ℳ
	Übertrag:	589,0	117 800	117 800
31	35	11,0	2 200	2 200
32	36	8,0	1 600	1 600
33	37	11,0	2 200	2 200
34	. . . . . .	8,0	1 600	1 600
35	. . . . . .	26,0	5 200	5 200
36	. . . . . .	25,0	5 000	5 000
37	18, 24 . . .	42,0	8 400	8 400
38	20	4,0	800	800
39	17	10,0	2 000	2 000
40	17	26,0	5 200	5 200
41	31 [1])	80,0	—	32 000
41a	[2])	13,0	2 600	2 600
42	17	48,0	9 600	9 600
43	24	9,0	1 800	1 800
44	19	6,0	1 200	1 200
45	20	22,0	4 400	4 400
46	19	18,0	3 600	3 600
47	15	8,0	1 600	1 600
48	29	8,0	1 600	1 600
49	20	13,0	2 600	2 600
50	18	23,0	4 600	4 600
51	19	14,0	2 800	2 800
52	19	8,0	1 600	1 600
53	21	10,0	2 000	2 000
54	20	8,0	1 600	1 600
55	20	24,0	4 800	4 800
56	20	12,0	2 400	2 400
57	21	8,0	1 600	1 600
58	21	8,0	1 600	1 600
59	21	8,0	1 600	1 600
60	21	8,0	1 600	1 600
	Summe	1 116,0	207 200	239 200

[1]) Die Frontlänge am öffentlichen Fluß darf aus der Verteilung nicht herausgelassen werden, sie ist in den der Berechnung zugrunde liegenden 4315 lf. m Straßen-Frontlänge (S. 55) mit enthalten, jedoch entsteht nicht die Beitragspflicht.

[2]) Der Stichgraben gehört einem Privatmann, es steht einer Heranziehung nichts im Wege, sobald die Vorbedingung der Errichtung eines Gebäudes erfüllt wird — der Fall Nr. 41 liegt demnach hier nicht vor.

Nr. des Grundstücks	Seite	Frontlänge des Grundstücks m	Abzug für Straßenland M	Beitrag M
	Übertrag	1 116,0	207 200	239 200
61	30, 33[1]) . .	16,0	3 200	3 200
62	30	33,0	6 600	6 600
63	30	37,0	7 400	7 400
64	15	21,0	4 200	4 200
65	31	166,0	33 200	33 200
66	18	30,0	6 000	6 000
67	30	23,0	4 600	4 600
68	15	20,0	4 000	4 000
69	30	20,0	4 000	4 000
70	27	20,0	4 000	4 000
71	27	20,0	4 000	4 000
72	30	12,0	2 400	2 400
73	30	16,0	3 200	3 200
74	30	16,0	3 200	3 200
75	30	60,0	12 000	12 000
76	33	34,0	6 800	6 800
77	33	20,0	4 000	4 000
78	33	21,0	4 200	4 200
79	32	20,0	4 000	4 000
80	32	20,0	4 000	4 000
81	32	20,0	4 000	4 000
82	32	24,0	4 800	4 800
83	14	21,0	4 200	4 200
84	[2])	32,0	6 400	6 400
85	28[2])	36,0	7 200	7 200
86	27	20,0	4 000	4 000
87	. . . . . .	21,0	4 200	4 200
88	26	4,0	800	800
89	26[3])	14,0	2 800	2 800
90	. . . .	13,0	2 600	2 600
91	26	14,0	2 800	2 800
92	26[4])	—	—	—
	Summe	1 960,0	376 000	396 000

[1]) Man verlängert beide Seiten des Grundstücks bis zum Schnittpunkt a. a—b stellt die in Rechnung zu stellende Frontlänge dar.

[2]) Ebenso zu behandeln wie der Fall Nr. 41; das Ortsstatut findet auf den fremden Gemeindebezirk keine Anwendung.

[3]) Schmidt wird für die Frontlänge vor seinem Grundstück herangezogen, trotzdem er nicht Eigentümer der seinem Gebäude vorgelagerten Vorgartenfläche nach dem Grundbuche ist.

[4]) Das Grundstück liegt nicht an der Straße.

Nr. des Grundstücks	Seite	Frontlänge des Grundstücks m	Abzug für Straßenland ℳ	Beitrag ℳ
	Übertrag:	1960,0	376 000	396 000
93	25	12,0	2 400	2 400
94	25	15,0	3 000	3 000
95	25	12,0	2 400	2 400
96	31, 36 . . .	42,0	8 400	8 400
97	29	14,0	2 800	2 800
98	28	22,0	4 400	4 400
99	28	15,0	3 000	3 000
100	. . . . .	9,0	1 800	1 800
101	28	4,0	800	800
102	29	30,0	6 000	6 000
103	29	16,0	3 200	3 200
104	29	56,0	11 200	11 200
105	14, 19 . . .	26,0	5 200	5 200
106	. . . . .	12,0	2 400	2 400
107	. . . . .	16,0	3 200	3 200
108	31	22,0	4 400	4 400
109	. . . . .	32,0	6 400	6 400
110	31	120,0	24 000	24 000
111	. . . . .	20,0	4 000	4 000
112	27	4,0	800	800
113	34	14,0	2 800	2 800
114	28 [1])	25,0	5 000	5 000
115	28 [2])	20,0	4 000	4 000
116	28 [3])	27,0	5 400	5 400
117	17	18,0	3 600	3 600
118	22	18,0	3 000	4 200
119	30	26,0	400	10 000
120	30	16,0	—	6 400
121	25	9,0	—	3 600
122	34	18,0	—	7 200
123	26	22,0	—	8 800
124	23	22,0	—	8 800
125	23	22,0	—	8 800
126	23	20,0	—	8 000
127	33	16,0	—	6 400
128	23	40,0	—	16 000
	Summe	2 792,0	500 000	616 800

[1]) Die Beitragspflicht entsteht für die ganze Länge des Grundstücks a—b.

[2]) Siehe 114.

[3]) Siehe 114.

Nr. des Grundstücks	Seite	Frontlänge des Grundstücks m	Abzug für Straßenland ℳ	Beitrag ℳ
	Übertrag	2 792,0	500 000	616 800
129	17[2])	35,0	—	14 000
130	30[1])	16,0	—	6 400
131	30	14,0	—	5 600
132	30[3])	9,0	—	3 600
		8,0	—	3 200
		8,0	—	3 200
133	30	18,0	—	7 200
134	30	33,0	—	13 200
135	32	10,0	—	4 000
136	36	22,0	—	8 800
137	38	16,0	—	6 400
138	—	32,0	—	12 800
139	31[4])	20,0	—	8 000
140	36	50,0	—	20 000
141	21	14,0	—	5 600
142	22	8,0	—	3 200
143	22	12,0	—	4 800
144	22	10,0	—	4 000
145	22	13,0	—	5 200
146	22	8,0	—	3 200
147	31	8,0	—	3 200
148	24	6,0	—	2 400
149	17	26,0	—	10 400
150	24	15,0	—	6 000
151	24	11,0	—	4 400
152	19	10,0	—	4 000
153	25	18,0	—	7 200
154	.....	8,0	—	3 200
155	25	8,0	—	3 200
	Summe	3 258,0	500 000	803 200

[1]) Die Errichtung der Bahnsteighalle erzeugt die Beitragspflicht auch für die Frontlänge des Grundstücks Nr. 130, während 131 als selbständiges Grundstück nicht in Frage kommt.

[2]) Die Errichtung einer Trinkbude hat dieselbe Wirkung, wie die der Bahnsteighalle (siehe Nr. 129).

[3]) Das Eisenbahngrundstück ist als Lagerplatz vermietet und in drei selbständige Teile getrennt. Demgemäß tritt für die Frontlänge a—d die Beitragspflicht ev. getrennt nach a—b, b—c, c—d ein.

[4]) Die Frontlänge, welche durch die Hinzunahme des Grundstücks 140 entstanden ist, ist in Rechnung zu stellen, nicht die ursprüngliche.

Nr. des Grundstücks	Seite	Frontlänge des Grundstücks m	Abzug für Straßenland ℳ	Beitrag ℳ
	Übertrag:	3 258,0	500 000	803 200
156	25	14,0	—	5 600
157	17, 36 . . .	20,0	—	8 000
158	18	20,0	—	8 000
159	19	16,0	—	6 400
160	19	16,0	—	6 400
161	19	16,0	—	6 400
162	19	16,0	—	6 400
163	19	16,0	—	6 400
164	19	25,0	—	10 000
165	14, 20 . . .	56,0	—	22 400
166	14, 20 . . .	—	—	—
167	14	22,0	—	8 800
168	22	16,0	—	6 400
169	22	16,0	—	6 400
170	22	16,0	—	6 400
171	20	16,0	—	6 400
172	20	16,0	—	6 400
173	20	16,0	—	6 400
174	20	16,0	—	6 400
175	20	10,0	—	4 000
176	14	22,0	—	8 800
177	15 [1])	16,0	—	6 400
178	17 [2])	33,0	—	13 200
179	24	54,0	—	21 600
180	25	20,0	—	8 000
181	15	18,0	—	7 200
182	. . . . . .	22,0	—	8 800
183	17	62,0	—	24 800
184	33	32,0	—	12 800
185	31	22,0	—	8 800
186	29	68,0	—	27 200
187	29 [3])	22,0	—	8 800
188	29 [4])	34,0	—	13 600
189	. . . . . .	16,0	—	6 400
190	28	14,0	—	5 600
191	28	11,0	—	4 400
	Summe:	4 083,0	500 000	1 133 200

[1]) Die Beitragspflicht tritt für die Frontlänge a—b ein.
[2]) Wie unter 177.
[3]) Die Beitragspflicht entsteht auch für a—c, die Straßenfluchtlinien schneiden sich in c, das Gebäude ist zurückgesetzt.
[4]) Siehe 187.

Nr. des Grundstücks	Seite		Frontlänge des Grundstücks m	Abzug für Straßenland M	Beitrag M
		Übertrag	4 083,0	500 000	1 133 200
192		......	12,0	—	4 800
193	28	......	5,0	—	2 000
194	28	......	22,0	—	8 800
195	28	......	27,0	—	10 800
196	20	......	14,0	—	5 600
197	33	......	10,0	—	4 000
198	29	......	12,0	—	4 800
199		......	18,0	—	7 200
200	31	......	8,0	—	3 200
201	29	......	58,0	—	23 200
202	24	......	23,0	—	9 200
203	24	......	23,0	—	9 200
		Summe	4 315,0	500 000	1 226 000

Fünfjährige Unterhaltung der Straße.

Die Kosten der jährlichen Unterhaltung werden in jedem Jahre nach Ablauf des Rechnungsjahres festgestellt und von den Verpflichteten eingezogen.

Vierter Teil.

Einspruch, Klage, Beschwerde.*)

A. Charakter der Straße, Ortsstatut.**)

1. Die Ringstraße falle nicht unter den § 15 des Fluchtliniengesetzes, sondern sei eine alte Heeresstraße, demnach eine historische Straße!

Der Einspruch ist unbegründet. Der Begriff der historischen Straße nach dem allgemeinen Sprachempfinden als Bezeichnung für eine alte, von jeher vorhandene (Heeres-)Straße deckt sich nicht mit dem der historischen Straße in den Entscheidungen des Oberverwaltungsgerichts; hiernach ist eine historische Straße eine solche, welche vor Erlaß des ersten auf Grund des § 12 des Fluchtliniengesetzes erlassenen Ortsstatuts bereits zum Anbau bestimmt und eine fertige Ortsstraße war. Vergl. OVG. 12. Mai 1893, PrVBl. 15 S. 17, K. u. K. 3 S. 132. Die Ringstraße ist als Chaussee (OVG. 29 S. 382) in den Jahren 1803—1805 angelegt worden. Gebäude wurden an derselben in der Zeit nach dem Jahre 1850 errichtet, trotzdem ist sie nicht als fertige Ortsstraße anzusehen, welche für den Anbau bestimmt war, es fehlte ihr dieser Charakter zur Zeit des Erlasses des Ortsstatuts betreffend das Bauverbot vom 1. Mai 1884 (die Wirksamkeit des Ortsstatuts vom 1. Juli 1883 trat erst mit dem Zeitpunkt des Erlasses der baupolizeilichen Bestimmungen am 1. Mai 1884 ein, vergl. OVG. 18. Febr. 1901, PrVBl. 22 S. 467; 27. Okt. 1904 PrVBl. 26 S. 487. Ob eine historische Straße vorliegt, kommt für den § 15 nicht in Frage, es handelt sich nur darum, ob die Ringstraße zur Zeit des Erlasses des Ortsstatuts auf Grund des § 15 vom 1. Okt. 1884 eine vorhandene und bebaute war, die Frage der historischen Straße wird hier unter den Einsprüchen nur aus dem Grunde behandelt, weil sie bei jeder Umwandlung eines Weges in eine Ortsstraße angezogen wird.

*) Um das ganze Gebiet erfassen zu können, beschränkt sich die Besprechung nicht auf die Verhältnisse der Ringstraße.

**) Vergl. S. 12 ff.

2. Die Ringstraße sei zwar keine historische, aber eine „vorhandene und bebaute" Straße. Vergl. OVG. 27 S. 587!

Wäre dies der Fall, so würde die Ringstraße nicht unter den § 15 fallen, aber es liegen auch die Erfordernisse für eine „vorhandene" Straße nicht vor, denn sie war zur Zeit des Erlasses des Ortsstatuts am 1. Okt. 1884 nicht dem städtischen Verkehr und Anbau gewidmet (Vergl. OVG. 22. Febr. 1904, PrVBl. 25 S. 561, 17. Dez. 1908, PrVBl. 31 S. 309), die Unfertigkeit der Straße als Ortsstraße würde gegen den Charakter als „vorhandene" Straße nicht sprechen. — Es sei wiederholt, daß für die Beurteilung, ob eine Straße unter den § 15 fällt, nicht der Begriff der historischen Straße, sondern der der „vorhandenen" Straße maßgebend ist, vergl. OVG. 43 S. 27, 10. Okt. 1898 (IV 1697) K. u. K. 2 S. 320. Der Begriff der historischen Straße ist nur für den § 12 FlG. (OVG. 12 S. 184) von Bedeutung.

3. Daß die Ringstraße nicht unter den § 15 falle, gehe daraus hervor, daß die Gemeinde die Errichtung von Wohnhäusern an ihr zugelassen habe, ohne daran Bedingungen zu knüpfen!

Ein solcher Grund ist nicht durchschlagend, denn es steht nach dem Ortsstatut im Belieben der Gemeinde, die Bauerlaubnis an Bedingungen zu knüpfen oder nicht. Vor Erlaß des Ortsstatuts vom 1. Mai 1884 auf Grund des § 12 (Bauverbot) hatte die Gemeinde überhaupt kein Recht, die Errichtung von Wohngebäuden an Feldwegen (Chausseen) zu hindern, OVG. 6. Sept. 1887 (II 765); 18. Nov. 1890 (IV 1204), PrVBl. 12 S. 184. Man kann allerdings daraus, daß die Gemeinde vom Bauverbot keinen Gebrauch gemacht hat, unter Umständen folgern (vergl. OVG. 28. Februar 1907, PrVBl. 29 S. 49), daß sie selbst der Ansicht war, es liege eine Straße vor, welche nicht unter den § 15 falle, aber ein solcher Irrtum reicht allein nicht aus, um die Straße als eine vorhandene bebaute erscheinen zu lassen.

4. Die Straße sei eine historische und daher dürften Beiträge überhaupt nicht erhoben werden!

Die Ansicht, an historischen Straßen dürften Beiträge nicht erhoben werden, ist in Grundbesitzerkreisen irrtümlich verbreitet. Fällt die Straße nicht unter den § 15 des Fluchtliniengesetzes, so bleibt die Gemeinde berechtigt, gemäß § 9 des Kommunalabgabengesetzes Beiträge zu den Straßenbaukosten zu erheben (Vergl. Saß Kommunalabgabengesetz S. 55 ff.), selbst dann, wenn es sich um eine Umpflasterung von Straßen handelt, welche bei ihrer ersten Herstellung dem § 15 unterlagen. Vergl. OVG. 50 S. 67, 68; 46 S. 37.

5. Die im Sinne des § 15 vorhandene und bebaute Straße erstreckte sich zur Zeit des Erlasses des Ortsstatuts vom Kreuzungspunkte mit der Dorfstraße bis auf 1000 m Entfernung. Vor dem Ausbau wurden eine Anzahl Gehöfte niedergelegt, so daß die Bebauung sich nur noch auf 200 m Straßenlänge erstreckt. Die Gemeinde zog nun die Anlieger für diese 200 m zu den Kosten auf Grund des § 9 des Kommunalabgabengesetzes heran, für die andern 800 m auf Grund des § 15!

Dies ist unzulässig, durch die Niederlegung der Gehöfte kann nicht ein Teil der Straße, welcher zur Zeit des Erlasses des Ortsstatuts als eine vorhandene und bebaute Straße anzusehen war, die dem inneren Ortsverkehr und dem Anbau diente, ihren Charakter verlieren und nun unter den § 15 fallen.

6. Das auf Grund des § 15 erlassene Ortsstatut gelte nicht ohne weiteres für den eingemeindeten Teil!

Das Ortsstatut tritt mit dem Tage der Eingemeindung ohne weiteres in der eingemeindeten Gemeinde in Kraft. Vergl. Behrens, Kommunale Rundschau, 1912 S. 471. Eine für den öffentlichen Verkehr und Anbau fertiggestellte Ortsstraße behält bei einer Eingemeindung des Ortsteils in eine andere Gemeinde diesen Charakter, auch wenn die Straße nach den Bestimmungen der eingemeindenden Gemeinde nicht als eine fertige Straße anzusehen ist. RG. VII. ZS. 27. Febr. 1910, Recht XVI S. 270. Es käme ev. nur die Heranziehung auf Grund des § 9 des Kommunalabgabengesetzes in Frage.

7. Der zwischen Schloßstraße und Wilhelmstraße belegene Teil der Ringstraße falle nicht unter den § 15, weil die beiden zuletzt genannten Straßen bereits seit Jahrzehnten fertige Ortsstraßen seien!

Der Einspruch ist unbegründet. Einer neuen Straße im Sinne des § 15 wird ihr Charakter nicht dadurch genommen, daß sie von fertigen Ortsstraßen durchschnitten wird.

8. Die Straße falle nicht unter den § 15, weil sie durch Fluchtlinienfestsetzung bereits 1881 in den Bebauungsplan der Gemeinde aufgenommen sei!

Aus der Aufnahme einer Straße in den Stadtbebauungsplan darf nicht gefolgert werden, daß die Straße zur Zeit der Aufstellung des Fluchtlinienplanes bereits vorhanden war, sondern nur, daß das, was bisher nicht Ortsstraße war, zu einer werden soll. OVG. 8. Febr. 1912, Selbstverwaltung 1912 S. 250, PrVBl. 33 S. 860.

9. Die Ringstraße östlich der Bahn wurde in den Fluchtlinien am 1. März 1881 auf 12 m, am 1. Mai 1903 auf 20 m Breite festgesetzt.

Es wird gegen die Heranziehung auf Grund des § 15 für die Breite von 20 — 12 = 8 m Einspruch erhoben, weil für diese nur eine Heranziehung auf Grund des § 9 des Kommunalabgabengesetzes in Frage kommen könne!

Diese Auffassung ist nicht zutreffend. Eine Heranziehung zu den Kosten der Verbreiterung auf Grund des § 9 des Kommunalabgabengesetzes wäre nur zulässig, wenn die 12 m breite Straße vor dem Zeitpunkt der Ausführung der Verbreiterung bereits eine Ortsstraße war, was hier nicht der Fall ist.

10. Die Gemeinde sei nicht berechtigt, Straßenbaukosten einzuziehen, da das Ortsstatut betreffend das Bauverbot ungültig sei, weil es nicht veröffentlicht, ebenfalls die baupolizeilichen Bestimmungen der Gültigkeit entbehrten, weil sie nicht ordnungsmäßig als Polizeiverordnung publiziert seien!

Die Gültigkeit des Ortsstatuts auf Grund des § 15, auf dem das Recht der Gemeinde beruht, Beiträge zu erheben, steht in keinem Zusammenhange mit dem auf Grund des § 12 betreffend das Bauverbot erlassenen Ortsstatut (vergl. S. 12 Nr. 2). Ist letzteres ungültig, so berührt dies die Berechtigung der Gemeinde, Beiträge auf Grund des § 15 zu erheben, nicht. (Es ist allerdings richtig, daß ein Ortsstatut gemäß § 12 auf Grund der gesetzlichen Bestimmung veröffentlicht werden muß; aber eine Publikation der baupolizeilichen Bestimmungen in Form einer Polizeiverordnung ist nicht erforderlich, vergl. RG. VII ZS. 19. Jan. 1909, Recht 13 S. 99 — vergl. Dierschke, Ortsstatutarische Bauverbote S. 9).

11. Die Ringstraße sei nicht förmlich festgestellt, in Folge sei dieselbe noch nicht fertiggestellt!

Die förmliche Feststellung der Fluchtlinien ist nicht die Voraussetzung der Erhebung von Beiträgen.

12. Eigentümer behauptet die zur Zeit des Erlasses des Ortsstatuts im ersten Rayon einer Festung belegene Straße sei bereits eine fertige Ortsstraße gewesen!

Eine Straße kann nicht zum Anbau bestimmt sein, wenn die Straße zur Zeit des Erlasses des Ortsstatut im Rayon einer Festung (Spandau) lag und somit den erheblichen Baubeschränkungen des § 17 des Reichsrayongesetzes vom 21. Dez. 1871 unterworfen war, KG. 14. März 1912, Recht XVI S. 245.

Die Beitragspflicht entstehe nicht:

13. Weil das Gebäude wohl nach Erlaß des Ortsstatuts, aber vor dem technischen Ausbau der Straße errichtet sei, siehe dagegen S. 12 Nr. 21

14. Weil das Gebäude zwar ohne baupolizeiliche Erlaubnis, aber vor Erlaß des Ortsstatuts bereits in der Errichtung begriffen gewesen sei. Der Nachbar habe ebenfalls den Bau vor Erlaß des Ortsstatuts allerdings mit baupolizeilicher Erlaubnis begonnen und sei nicht herangezogen worden, siehe S. 13 Nr. 5.

15 Weil das Gebäude unter der Herrschaft vom 1. Okt. 1884 errichtet, dies jedoch durch das Statut vom 1. Jan. 1900 aufgehoben sei, siehe dagegen S. 13 Nr. 6!

B. Der angrenzende Eigentümer.*)

16. Unter Eigentümer sei nur ein Privatmann zu verstehen, nicht eine Korporation!

Dies ist zutreffend, vergl. S. 14, 19 Nr. 105.

17. Der Eigentümer könne nur herangezogen werden, wenn er das Gebäude selbst errichtet habe, vorübergehende Errichtung mache nicht beitragspflichtig! Siehe dagegen S. 14 Nr. 167, S. 15 Nr. 68, 47, 181.

18. Das Gebäude befindet sich auf einer projektierten Straße, der Eigentümer könne nicht herangezogen werden, weil sein Eigentumsrecht durch die Fluchtlinienfestsetzung eingeschränkt sei!

Der Einspruch ist unberechtigt, siehe S. 15 Nr. 177.

19. Der Eigentümer im fremden Gemeindebezirk sei nicht herangezogen worden!

Nur die Mitglieder der Gemeinde können herangezogen werden OVG. 17 S. 178.

C. Sobald sie Gebäude errichten.**)

20. Der Beginn der Errichtung eines Gebäudes mache nicht beitragspflichtig!

Siehe dagegen S. 17 Nr. 7.

21. Das Grundstück könne nicht mehr herangezogen werden aus Anlaß von Neubauten, da dasselbe bereits mit Gebäuden besetzt sei, welche die Beitragspflicht nicht erzeugt hätten!

Siehe dagegen S. 17 Nr. 117.

---

*) Vergl. S. 14, 15.
**) Vergl. S. 15—27.

22. Ein zu Straßenzwecken zum Teil verwendetes Gebäude stelle kein Gebäude mehr dar! siehe S. 17, 36 Nr. 157. Ebenso die Bahnsteighalle einer Eisenbahn S. 17 Nr. 129, die Wartehalle einer Straßenbahn S. 17 Nr. 39, Bahnwärterhaus S. 17, 29 Nr. 24, Stellwerksgebäude S 17 Nr. 178, Wasserturm S. 17 Nr. 40, Musiktempel S. 17 Nr. 183, Klärbassin S. 17 Nr. 42, Pumpstation S. 17 Nr. 149, Fabrikgebäude S. 17 Nr. 8, Gasometer S. 18 Nr. 37, massive Brückenüberführung S. 18 Nr. 66, Viaduktbogen S. 18 Nr. 66, Stallgebäude S. 18 Nr. 158, Retortenhaus einer Gasanstalt S. 18 Nr. 37, Ringofen S. 18 Nr. 37, Hochofen S. 18 Nr. 37, Feldscheune S. 18 Nr. 50, Gewächshaus S. 19 Nr. 51, Windmühle S. 19 Nr. 52, offener Schuppen S. 19 Nr. 159, 160, 161, 162, 164, Ziegelschuppen S. 19 Nr. 160, Glasüberdachung des Hofes S. 19 Nr. 46, Abortgebäude S. 19 Nr. 163, Gebäude auf polizeilichen Zwang errichtet S. 21 Nr. 53, Kirche S. 14, 19 Nr. 105, Zirkusgebäude S. 19 Nr. 152, Durchfahrt S. 20 Nr. 196, Zuschauertribüne S. 20 Nr. 45, Bedürfnisanstalt S. 20 Nr. 38, kleines Kontor S. 20 Nr. 49, Stalleinbau S. 20 Nr. 54, ausgemauertes Grab S. 14, 20 Nr. 165/166, Laube S. 20 Nr. 55, Taubenschlag, Hühnerstall S. 20 Nr. 175, Backofen S. 20 Nr. 56, Dunggrube S. 20 Nr. 174, Torpfeiler S. 20 Nr. 173, Zäune, Einfriedigungen S 20 Nr. 172, Bretterbude S. 20 Nr. 171, kleines Waschhaus S. 21 Nr. 10, transportable Selterwasserbude S. 21 Nr. 57, Gartenhaus auf Rädern S. 21 Nr. 58, Baubude, Jahrmarktsbude, Schilderhaus S. 21 Nr. 59, vorn offene Verkaufshalle S. 21 Nr. 60, Badeanstalt S. 21 Nr. 141, Dampferanlegestelle S. 22 Nr. 144, Bootshaus S. 22 Nr. 142, Kahn dem Gottesdienst dienend S. 22 Nr. 143, Dampferschuppen S. 22 Nr. 145, Schleuse S. 22 Nr. 146, Vorbau am Vordergebäude S. 22 Nr. 118, Erweiterungsbau S. 22 Nr. 11, Kelleranbau S. 22 Nr. 14, Veranda S. 22 Nr 170, Klosettanbau S. 22 Nr. 15, Strebepfeiler S. 22 Nr 169, Küchenanbau S. 22 Nr. 168, Ersatzgebäude S 22 Nr. 16, Vergrößerung des kubischen Inhalts S. 23 Nr. 17, Errichtung unter Benutzung alter Wände S. 23 Nr. 18, Aufsetzen eines Stockwerks S. 23 Nr. 19, Änderung der Vorderwand S. 23 Nr. 21, Wiederaufbau S. 23 Nr. 128, Balkon S. 23 Nr. 126, S. 23 Nr. 125, Erker S. 23 Nr. 124, Denkmal S. 24 Nr. 203, Schornstein S. 24 Nr. 150, Signalturm, Gittermast, Reklamesäule, Baugerüst, Triumphsäule S. 24 Nr. 150, Transformatorsäule S. 24 Nr. 151, Drahtseilbahn S. 24 Nr. 37, Aussichtsturm S. 24 Nr 202, Revisionsschacht S. 18 Nr. 9, Krananlage S. 24 Nr. 148, Kegelbahn S. 24 Nr. 179, Eisenbahnwaggon S. 21 Nr. 48.

23. Anlieger erhebt Einspruch, weil die Umwandlung einer Waschküche in einen Pferdestall als Gebäude im Sinne des § 15 angesehen wurde!

Wird wie hier bei dem geringen Umfang der alten Baulichkeit die Vorderwand um einen Meter vorgerückt, so ist die Zuziehung einer bisher unbebauten Fläche verhältnismäßig recht bedeutend. Kommt noch hinzu, daß das Gebäude eine andere Zweckbestimmung erhalten hat, so handelt es sich nicht mehr um dasselbe Bauwerk, sondern um die Errichtung eines neuen Gebäudes unter Benutzung von Teilen einer vorhandenen Baulichkeit. OVG. 14. März 1912, Selbstverwaltung 1912 S. 500.

D. Die Lage des Gebäudes „an" der Straße.*)

24. Das Grundstück liege nicht unmittelbar „an" der Straße! Siehe S. 26—28 Nr. 93, 94, 95, 156, 155, 180, 153, 121, 22, 91, 92, 89, 88, 123, 13, 71, 70, 112, 86.

25. Der Ausgang nach der Straße sei maßgebend für die Anliegerschaft!

Der Ausgang nach der Straße ist nur für den Tatbestand des § 12 des Fluchtliniengesetzes, nicht des § 15, maßgebend. OVG. 17 S. 184.

26. Der Eigentümer des Grundstücks behauptet, das von ihm im Jahre 1904 errichtete Gebäude liege nicht an der Straße, da zur Zeit der Errichtung das Straßenland noch nicht freigelegt war!

Die Auffassung ist unrichtig, denn die Frage, ob ein Haus an einer neuen Straße errichtet worden ist, muß nach dem Zeitpunkt ihrer Freilegung in den Fluchtlinien beurteilt werden (vergl. OVG. 41 S. 112) OVG. 27. Mai 1907 (Rep. Nr. IV C. 54, 07) PrVBl. 29 S. 151.

27. Die Straßenbaukosten für das Eckgrundstück Ecke Wilhelmstraße seien beim Ausbau dieser Straße erhoben worden, deshalb sei es unzulässig, noch für die Ringstraße Beiträge zu verlangen!

Der Einspruch ist unberechtigt. Ein Eckgrundstück liegt an beiden Straßen, infolgedessen ist auch für die Ringstraße der Beitrag zu entrichten. OVG. 27 S. 50, 13 S. 173.

28. Das Grundstück liege nicht an der Straße, wenn es durch eine kleine Pforte, die Gelegenheit gibt, Dünger und Sand in den Garten des Grundstücks zu schaffen, mit der Straße in Verbindung steht. Es sei nicht der Fall, daß bereits derartige mittelbare Beziehungen die Anliegerschaft des Gebäudes an der Straße begründe!

*) Vergl. S. 25—28.

Der Einspruch ist berechtigt, wenn das Gebäude so weit von der Straße entfernt liegt, daß wegen der Lage desselben eine Anliegerschaft nicht mehr in Frage kommt. OVG. 21. März 1912, Kommunale Rundschau 1912 S. 406.

E. Freilegung.*)

29. Die Gemeinde habe am öffentlichen Flusse eine Verbreiterung der Ringstraße vorgenommen, welche nicht in dem Fluchtlinienplan vorgesehen sei, die Kosten hierfür gehörten demnach nicht mehr zu denen der Freilegung!

Diese Auffassung ist nicht richtig. Die im Gesetze an die Feststellung der Fluchtlinien geknüpften Rechtsfolgen (§§ 11, 13) sind auf das von ihr betroffene Gelände beschränkt, aber die Gemeinde ist nicht gehindert, eine Straße in größerer Breite auszubauen, als im Fluchtlinienplan vorgesehen, und die Erhebung von Beiträgen ist von der ganzen tatsächlich hergestellten Anlage zulässig. OVG. 30. Okt. 1905 (IV 1506) K. u. K. StErgBd. 1905/1906 S. 32.

30. Anlieger hat einen Streifen seines Gebäudes von 2,0 m Tiefe, welcher in die Straße fiel, abgebrochen und verlangt infolgedessen Übernahme des Restgrundstückes!

Eine Entschädigung kann nur für den abgetretenen Gebäudestreifen gewährt werden. Die Übernahme auf Grund des § 13 FlG. Abs. 2 und § 9 Abs. 1 des Enteignungsgesetzes kann nur verlangt werden, wenn das Restgrundstück nach den baupolizeilichen Vorschriften nicht mehr zur Bebauung geeignet, nach seiner bisherigen Bestimmung nicht mehr zweckmäßig benutzbar sei. Dies ist durch den Ausbau des Gebäuderestes widerlegt, da derselbe in den neuen Grenzen ausgebaut ist. RG. vom 10. Mai 1912, DJZ. 1912 Nr. 14, Zeitschrift für Kommunalwirtschaft und Kommunalpolitik 1912 S. 534.

31. Das unentgeltlich hergegebene Land (S. 79) sei anzurechnen!

Terrain, welches „unentgeltlich" hergegeben, ist solches, bei dessen Übergabe eine Gegenleistung nicht bedungen war, OVG. 7. März 1896 Nr. II 500.

Abtretungen, welche schenkungsweise unter Verzicht auf jede Gegenleistung und damit unter Verzicht auf das ortsstatutarische Recht der Wertanrechnung erfolgen, sind „unentgeltliche", OVG. 49, S. 74.

*) Vergl. S. 35—39, 79.

32. Durch ein an einer anbaufähigen Straße liegendes Gelände wurden Straßenfluchtlinien gelegt. Im Enteignungsverfahren wurde dem Besitzer eine hohe Entschädigung zuerkannt für baureifes Land. Mehrere Jahre darauf baut die Gemeinde die Straße und setzt nun den im Enteignungsverfahren hingegebenen Betrag einschl. Zinsen in die Kostenrechnung ein. Hiergegen wird Einspruch erhoben!

Gegen das von der Gemeinde eingeschlagene Verfahren ist nichts einzuwenden, denn das, was sie im Enteignungsverfahren hingegeben, gehört zu den Kosten der Freilegung.

33. Für Abtretung des Straßenlandes habe die Kirche außer anderen Forderungen von der Gemeinde einen Zuschuß zu den Kosten der Reparatur des Kirchturms gefordert und erhalten. Diese Kosten ständen in keinem Zusammenhange mit den Straßenbaukosten!

Derartige Abmachungen bewegen sich auf dem Boden des § 15. Die Kosten der Reparatur des Kirchturms stellen einen Teil des Entgelts für Überlassung von Straßenland dar.

37. Die Gemeinde habe die Anlieger zu Unrecht mit den Kosten für Übernahme und Niederlegung eines Gebäudeteils belastet, da die Polizeibehörde die Bauerlaubnis nur auf Widerruf erteilt habe, somit der Eigentümer keinen Anspruch auf Entschädigung gehabt hätte!

Die Zurücknahme einer auf Widerruf erteilten Bauerlaubnis ist nur zulässig, wenn die Erteilung der Erlaubnis mit dem zwingenden öffentlichen Recht im Widerspruch steht oder wenn neue im öffentlichen Recht wurzelnde Tatumstände eine Zurückziehung der widerruflich erteilten Erlaubnis erforderlich machen, OVG. 10. Okt. 1910, Selbstverwaltung 1911 S. 159. Nach dem § 11 des Fluchtliniengesetzes steht es im freien Ermessen der Polizei, die Bauerlaubnis für einen Bau über die Fluchtlinien hinaus zu versagen oder nicht.

35. Anlieger erhebt Klage, weil ihm eine Straßenlandparzelle nicht als Bauland entschädigt sei!

Ein Landstreifen, der bereits zur Zeit der Fluchtlinienfestsetzung für eine städtische Straße infolge Verpflichtung des Eigentümers zur Duldung des freien Verkehrs auf diesem Landstreifen die Qualität der Unbebaubarkeit erlangt hatte, kann im Enteignungsverfahren nicht als Bauland entschädigt werden, RG. VII. ZS. 19. Jan. 1912.

36. Die Gemeinde habe zu Unrecht die Kosten für einen Rasenstreifen in die Rechnung eingesetzt!

Zwischen Fahrdamm und Bürgersteig war ein ungepflasterter Streifen von 6,0 m Breite angeordnet worden, welcher mit Rasen versehen war.

Die Kosten für den Rasenstreifen, bestehend in Herstellung des Planums, Bearbeitung des Bodens, Aufbringen von Mutterboden, Düngung, Säen, können von dem Gesichtspunkt zu den Kosten der Straße gerechnet werden, daß es zu einem straßenmäßigen Ausbau gehört, ungepflasterte Flächen mit einem Abschluß zu versehen und zu erhalten. Anders wäre zu urteilen, wenn es sich um Schmuckstreifen gärtnerischen Charakters handeln würde.

F. Erste Einrichtung.*)

37. Die Straße sei nicht in der dem Bedürfnisse entsprechenden Weise hergestellt, sondern wesentlich teurer als notwendig; anstatt Asphaltpflaster hätte man Steinpflaster wählen können, außerdem billigere Bordschwellen!

Der Einspruch ist unberechtigt, maßgebend ist nur das Programm der Gemeinde, siehe S. 40.

38. Die Einfahrten gehörten nicht zur ersten Einrichtung, sondern dienten nur dem Interesse der Anlieger!

Der Einspruch ist nicht berechtigt, siehe S. 40.

39. Die Kosten für Anschlüsse an Nebenstraßen, soweit sie nicht im Zuge der Ringstraße lägen, gehörten nicht zu den Kosten der Straße!

Siehe dagegen S. 40, 41.

40. Hofpflaster gehöre nicht zu ersten Einrichtung!

Dasselbe gehört zur ersten Einrichtung, soweit die Arbeiten in Beziehung auf den Ausbau der Ringstraße unternommen werden mußten, siehe S. 41.

41. Die Anrampung zu Brücken gehöre nicht zur ersten Einrichtung!

Siehe dagegen S. 41.

42. Die Futtermauern am öffentlichen Fluß und vor Grundstücken gehören nicht zur ersten Einrichtung!

Siehe dagegen S. 42.

43. Die Herstellung von Gullys auf Höfen gehöre zur Grundstücksentwässerung!

Dies ist nur insoweit richtig, als die Grundstücksentwässerung nicht notwendig wird durch Veränderungen der Straßenkrone wie im vorliegenden Falle, siehe S. 43.

---

*) Vergl. S. 39—45.

44. Die Kastenrinnen dienten der ersten Einrichtung!

Siehe S. 43.

45. Die Gemeinde habe behufs Anschluß der Straße im Nachbargemeindebezirk Arbeiten vorgenommen. Diese hätten nicht in die Kostenrechnung aufgenommen werden müssen!

Es handelte sich im vorliegenden Falle um die Herstellung eines ordnungsmäßigen Anschlusses der regulierten Straße an den als Feldweg weiter bestehenden Teil des Weges in der Nachbargemeinde. Diese Kosten gehören zu den Straßenbaukosten.

46. Die Bäume dienten nicht der ersten Einrichtung, da sie nicht ein natürliches Zubehör einer Straße bildeten, sondern ihre Anordnung auf allgemein gesundheitlichen Rücksichten beruhe. Die Unterhaltungspflicht der Bäume für 5 Jahre würde unter allen Umständen abgelehnt!

Die Bäume gehören zur ersten Einrichtung, siehe S. 44, v. Strauß und Torney bezweifelt (5. Auflage S. 210), „ob die Anlieger auch zu fünfjähriger Unterhaltung solcher Anlagen (Promenaden, Baum- und anderen Pflanzungen) herangezogen werden könnten. Die Fälle können tatsächlich verschieden liegen.“ Meines Erachtens wird man wenigstens daran festhalten müssen, daß, wenn eine Baumpflanzung zur ersten Einrichtung gehört, auch ihre fünfjährige Unterhaltung den Anliegern auferlegt werden kann. Die Baumpflanzung dient nicht allein der Gesundheit, sondern auch dem Interesse der Straße, z. B. sie spendet dem Asphaltpflaster Schatten, was wesentlich zu dessen Erhaltung beitragen kann. Dieser Gesichtspunkt erscheint in den bisher ergangenen Entscheidungen nicht beachtet zu sein.

47. Die Zinsen des Baukapitals seien nur zu rechnen für die Zeit vom tatsächlichen Beginn der Straßenbauten bis zur Beendigung derselben!

Dieser oft gehörte Einwand ist nicht zutreffend. Die Gemeinde ist berechtigt, Zinsen zu berechnen für die Zeit vom Beginn bis zur Fertigstellung der Straße. Wird z. B. ein Grundstück 5 Jahre vor Beginn der eigentlichen Straßenbauarbeiten erworben und nach Beendigung dieser Arbeiten noch ein Prozeß z. B. wegen Enteignung 6 Jahre lang geführt, so darf die Zinsenrechnung sich über den ganzen Zeitraum erstrecken. Vergl. S. 45.

48. Die Bauleitung sei Sache der Gemeinde und wäre ohne Anrechnung auf die Straßenbaukosten auf allgemeine Verwaltung zu übernehmen!

Siehe dagegen S. 45.

49. Es wird Einspruch erhoben, weil die Mehrkosten, welche durch das Umlegen der Straßenbahngleise für den eigentlichen Straßenbau entstanden sind, den Anliegern zur Last gelegt seien!

Es handelt sich in dem vorliegenden Falle um eine verstärkte Unterbettung des Fahrdammes unterhalb der Schienen der Straßenbahn, wodurch auf ein lfdm Straße Mehrkosten in Höhe von 20,— M. entstanden sind.

Soweit mir bekannt, ist es üblich, derartige Kosten den Straßenbaukosten zuzurechnen. Ich halte dies Verfahren nicht für einwandfrei. Im § 6 Abs. 2 des Kleinbahngesetzes vom 28. Juli 1892 heißt es: „Der Unternehmer ist mangels anderweitiger Vereinbarung zur Unterhaltung und Wiederherstellung des benutzten Wegeteils verpflichtet . . .“ Der Schwerpunkt dürfte darin liegen, welchen Begriff man der Unterhaltung beilegt. Besteht dieselbe nur darin, daß das vorhandene Pflaster, Chaussierung (wie bei der Ringstraße), in der ursprünglichen Beschaffenheit möglichst erhalten wird oder begreift sie in sich die Kosten für vermehrte Ausgaben in Folge neuer Herstellung der Straße, nachdem das alte Pflaster entfernt ist? Ich möchte im vorliegenden Falle letzteres bejahen, von dem Gesichtspunkte aus, daß eine solche Neuherstellung der Straße im innigen Zusammenhange mit der Unterhaltung steht. Ist dies richtig, so entfallen die Mehrkosten, welche durch die Straßenbahn verursacht werden, dem Straßenbahnunternehmer zur Last. In der Regel nehmen nun die Gemeinden dem Unternehmer die Last der Unterhaltung ab, innerhalb eines Vertrages, welcher zwischen den Parteien die gegenseitigen Verhältnisse in weiterem Umfange ordnet.

Wälzt nun die Gemeinde die ihr aus dieser Unterhaltungspflicht entstehenden Kosten auf die Anlieger ab, unter dem Gesichtspunkt, daß sie vorgeleistet hat, so erscheint dies Verfahren nicht zulässig, denn der Vertrag zwischen ihr und dem Straßenbahnunternehmer ist als ein einheitlicher anzusehen. Aus diesem Zusammenhange kann man nicht eine einzelne Verpflichtung herausnehmen und nun hieraus eine Erstattungspflicht der Anlieger begründen. — Abgesehen von dem vorher Gesagten bin ich der Ansicht, daß man die Mehrkosten des Straßenbaues, welche durch eine Straßenbahn entstehen, schon aus dem Grunde nicht den Anliegern auferlegen darf, weil die Straßenbahn als Zubehör der Straße im Sinne des § 15 nicht anzusehen sein dürfte.

50. Es wird Einspruch erhoben, weil die Gemeinde die Kosten für Zurücksetzen und Wiederaufbau der Zäune und Mauern in Rechnung gestellt habe; denn sie habe mit den betreffenden Anliegern das Abkommen

derart getroffen, daß die hierdurch entstehenden Unkosten auf die Gemeinde übernommen werden sollten!

Ist dies der Fall, so gehören diese Kosten nicht zu den Straßenbaukosten; denn es ist ein Unterschied, ob derartige Kosten auf die Gemeinde, demnach auf die Gesamtheit der Steuerzahler oder auf die Straßenbaukosten der einzelnen Straßen übernommen werden.

G. Entwässerung.*)

51. Die Kosten für Regenwasserkanalisation hätten den Besitzern nach den tatsächlich vor ihren Grundstücken entstandenen Kosten auferlegt werden müssen!

Dies ist nicht zutreffend. Die Kanalisation ist als eine einheitliche anzusehen (vergl. Saß KAG. S. 138, FlG. S. 101), OVG. 40 S. 110. Bei der Verteilung der Kosten nach § 15 ist jede Straße für sich zu behandeln. Wenn aber ein einheitliches Kanalsystem in einer Stadt besteht, so sind die Kosten der gesamten Anlage auf die sämtlichen Straßen, die zu dem System gehören, unterzuverteilen, OVG. 24. Mai 1909 (IV. C. 220. 08) PrVBl. 31 S. 718.

52. Zur Entwässerung der Straße gehöre nicht die Aufnahme der Regenwässer aus anderen Straßen!

Zur Entwässerung der Straße gehört nicht nur die Abführung der auf sie entfallenden atmosphärischen Niederschläge, sondern auch der ihr von höher gelegenen Terrains aus zufließenden und der ihr vor Anlegung bereits mittels künstlicher Leitung zugeführten Flüssigkeiten, OVG. 1892 PrVBl. 13 S. 288, Städtezeitung 9. J. Heft 24.

53. Eigentümer erhebt Einspruch, weil die Regenwasserkanalisation sowohl der Straßenentwässerung als auch der Trockenlegung der anstoßenden Grundstücke diene!

Eine Heranziehung kann nur zu den Entwässerungskosten der Straße erfolgen.

Vergl. S. 43 u. 65.

H. Beleuchtungsvorrichtung.

54. In dem Gemeindebezirk liegt eine Gasanstalt, welche auf Grund eines Vertrages mit der Gemeinde den Gaskonsumenten Gas zu einem

*) Vergl. S. 46.

bestimmten Einheitspreise liefert. Die Gasanstalt hat die Verpflichtung übernommen, die Beleuchtungseinrichtungen in allen vorhandenen und noch auszubauenden Straßen ohne besondere Entschädigung einzurichten. Hierüber führt ein Mieter Beschwerde mit der Behauptung, daß die Beschaffung der Beleuchtungsvorrichtung gemäß § 15 des Fluchtliniengesetzes den Anliegern obliege. Die Gemeinde habe die Gesamtbevölkerung dadurch, daß sie die Kosten der Beleuchtungsvorrichtung der Straße der Gasanstalt auferlegt habe, geschädigt; denn diese halte sich selbstverständlich für die Mehrkosten die ihr durch Übernahme dieser Verpflichtung entstehen, durch erhöhten Gaspreis schadlos!

Es wird sich im Einzelfall der Schaden, den die Gaskonsumenten erleiden, vielleicht nicht nachweisen lassen, aber das Verfahren der Gemeinde erscheint unzulässig. Scheinbar werden derartige Verträge aus Unkenntnis der Verhältnisse getätigt. (Vergl. Saß, Fluchtliniengesetz S. 102.)

55. Es wird Einspruch erhoben, weil die Kosten der Beleuchtung erhoben werden!

Der Einspruch ist berechtigt, es dürfen nur die Kosten der Beleuchtungsvorrichtung gefordert werden.

J. Heranziehung zu den Kosten.

I. Einspruch, Klage, Beschwerde.

56. Der Anlieger hatte Klage erhoben gegen die Gemeinde gemäß § 70 Abs. 3 KAG.!

Die Einwendungen gegen die Pflicht zur Leistung von Beiträgen können nur in dem in §§ 69 Abs. 1, 70 Abs. 2 KAG. geordneten Verfahren gegen den Gemeindevorstand geltend gemacht werden, OVG. 46 S. 88, gegen dessen Beschluß ist Klage im Verwaltungsstreitverfahren binnen 2 Wochen zulässig. Vergl. hierzu v. Tzschoppe, Heranziehung, Einspruch, Bescheid und Klage, PrVBl. 30 S. 165, v. Strauß und Torney, FlG. 5. Aufl. S. 264 ff. Über Anwendungsgebiet der Beschwerde OVG. 20. Febr. 1911, Görres 2. J. S. 134.

57. Der Eigentümer war am 1. April 1908 herangezogen und erhob am 2. Mai 1908 Einspruch gegen die Heranziehung!

Die Frist von 4 Wochen ist nicht gewahrt, OVG. 33 S. 94.

58. Eigentümer suchte im Rechtswege eine Entscheidung herbeiführen, ob er Anliegerbeiträge zu entrichten habe oder nicht!

Der Streit darüber, ob Anliegerbeiträge mit Recht oder mit Unrecht erfordert werden, ist, da es sich um Gemeindelasten handelt (vergl. Gruchot Bd. 44 S. 1129, RG. Bd. 32 S. 346) dem Rechtswege entzogen. Daß er für derartige Ansprüche auf öffentliche Abgaben nicht dadurch eröffnet werden kann, daß sie als Bereicherungsklagen aus § 812 BGB. geltend gemacht werden, ist vom Reichsgericht wiederholt ausgesprochen (vergl. Gruchot Bd. 41 S. 401 ff., RG. 67 S. 401, Bd. 25 S. 302). Nicht anders verhält es sich aber auch, wenn behauptet wird, daß die Heranziehung zu der Last gegen den § 826 BGB. verstoße: Denn darüber, ob eine Schädigung des Anliegers durch das Verlangen der Gemeinde gegeben ist, hat eben das ordentliche Gericht nicht zu befinden. So wenig eine beigetriebene Steuer unter die Berufung auf die §§ 812, 826 BGB. im Rechtswege zurückgefordert werden kann, so wenig kann auch die Feststellung begehrt werden, daß eine Gemeinde nicht berechtigt sei, gewisse Anliegerbeiträge einzuziehen. RG. 26. März 1909 (VII, 270 08) Pr.VBl. 31 S. 227.

59. Eigentümer will den Anliegerbeitrag mit einer privaten Forderung gegen die Gemeinde aufrechnen!

Dies ist unzulässig, OVG. 37 S. 45.

60. Eigentümer erhebt Einspruch ohne direkt oder indirekt anzugeben, um wieviel der Beitrag ermäßigt sein soll!

Der Einspruch ist abzuweisen, denn derselbe muß, wenn er nicht gänzliche Freistellung, sondern Ermäßigung zum Ziel hat, die behauptete Überbürdung ziffernmäßig erkennen lassen, OVG. 45 S. 80. Es gibt jedoch Fälle, in denen ein Steuerpflichtiger außerstande ist, anzugeben, wie weit ein Steuerbetrag herabgesetzt werden soll, OVG. 9. Jan. 1911 (VIII. C. 230. 10), Görres 2. J. S. 133.

61. Eigentümer bittet um andere Verteilung der Kosten!

Ein Einspruch ist nicht unbestimmt und unterliegt der Zurückweisung, wenn in ihm um eine andere Verteilung der Kosten gebeten wird. Dies genügt, nachdem vorher die Klägerin in ihrer Beschwerde näher begründet hat, daß sie nicht für 13 m, sondern nur für die halbe Straßenbreite beitragspflichtig sei, OVG. 27. Nov. 1911 (IV. C. 216. 10.) PrVBl. 33 S. 373.

62. Die Heranziehung sei nur durch eine Hebeliste in öffentlichen Blättern erfolgt!

Damit die im § 69 KAG. vorgesehene Einspruchsfrist beginnen kann, ist es erforderlich, daß dem Zensiten die Höhe des von ihm geforderten Steuerbetrages bekannt gemacht worden ist, OVG. 24. Juni 1896 (II. 1293) PrVBl. 18 S. 90 (vergl. von Strauß und Torney S. 265).

63. Anlieger klagt gegen den mündlich erteilten Einspruchsbescheid!

Der Einspruchsbescheid des § 70 Abs. 1 KAG. bedarf der schriftlichen Form, OVG. 5. Jan. 1912, Zeitschrift für Kommunalwirtschaft und Kommunalpolitik 1912 S. 502.

64. Der Einspruchsbescheid sei zu Unrecht von der städtischen Verwaltungsdeputation erlassen!

Die städtischen Verwaltungsdeputationen sind innerhalb der ihnen überwiesenen Geschäftszweige befugt, an Stelle des Gemeindevorstandes über Einsprüche gegen die Heranziehung zu Gemeindeabgaben zu beschließen. Eines förmlichen Kollegialbeschlusses bedarf es dabei nicht, OVG. 34 S. 84.

65. Anlieger sei zu Unrecht unter Vorbehalt einer späteren höheren Veranlagung herangezogen worden!

Eine derartige Veranlagung würde gegen den Grundsatz verstoßen, daß der Anlieger, abgesehen von dem Falle der Spaltung, nur einmal zu den Straßenbaukosten herangezogen werden darf, OVG. 9. Febr. 1911, Selbstverwaltung 1911 S. 444.

66. Einem Anlieger, welcher zu einem Beitrage herangezogen ist, geht nachträglich eine Berichtigung zu, welcher als Grundlage ein inzwischen neu erlassenes Ortsstatut dient!

Für eine Berichtigung kann nur dasjenige Statut maßgebend sein, welches der zu berichtigenden Heranziehung zugrunde gelegen hat, OVG. 41 S. 128.

67. Es sei bei der Beitragsfestsetzung ein Abzug entsprechend dem öffentlichen Interesse nicht berücksichtigt werden!

Der § 15 kennt eine derartige Berücksichtigung nicht (jedoch der § 9 des Kommunalabgabengesetzes).

68. Es wird bemängelt, daß von dem Gutsbezirk, in dem ein Teil der Straße liegt, Straßenbaukosten nicht erhoben sind!

In Gutsbezirken können Beiträge nicht erhoben werden, denn sie gehören nicht zu den „ländlichen Ortschaften“, KG. 7. März 1910, Selbstverwaltung 1910 S. 36, jedoch nach dem Zweckverbandsgesetz.

69. Die Heranziehung sei ungültig, weil sich herausgestellt habe, daß das bei der Fluchtlinienfestsetzung eingeschlagene Verfahren rechtsungültig sei!

Diese Tatsache würde die Rechtmäßigkeit der Heranziehung nicht berühren. OVG. 44, S. 102.

II. Charakter des Beitrages.

70. **Die Kosten seien bereits anderweitig etatmäßig gedeckt worden, infolgedessen sei eine Heranziehung nicht möglich!**

Dieser Einwand gilt nur für den § 9 des Kommunalabgabengesetzes (vergl. Satz KAG. S. 52, 53, 101), nicht für den § 15 FlG. OVG. 13. Febr. 1908 (Rep. Nr. IV. C. 198, 07) Pr.VBl. 30 S. 119.

71. Eigentümer wendet ein, er habe keinen Vorteil von der Straße!

Daß ein Vorteil für den Anlieger entsteht, ist nicht Voraussetzung der Beitragspflicht. OVG. 24. Mai 1909, Pr.VBl. 31 S. 718; 9. Nov. 1905, PrVBl. 29 S. 430.

72. Die Gemeinde habe zu Unrecht nachträglich ihre Gesamtforderung anders als in der Heranziehungsverfügung begründet und dabei nicht allein einzelne bereits in Rechnung gestellte Ausgabeposten erhöht, sondern auch solche Art von Aufwendungen berücksichtigt, die bei der Heranziehung gänzlich übergangen worden waren!

Die Gemeinde ist hierzu berechtigt, wenn die Gesamtforderung nicht erhöht wird. OVG. 50 S. 84.

73. Der Eigentümer hat im Jahre 1911 das Grundstück auf dem Wege der Subhastation erworben. Der Stadtgemeinde wurde aus dem Erlös gemäß ihrer angemeldeten Forderung der Rest des noch nicht vollständig berichtigten Anliegerbeitrages zugewiesen und zwar auf Grund des § 10 Ziffer 3 des Zwangsversteigerungsgesetzes, wonach die Ansprüche auf Entrichtung der öffentlichen Lasten des Grundstücks wegen der laufenden und der aus den letzten zwei Jahren rückständigen Beträge den Vorrang gegenüber anderen Forderungen genießen. Der Eigentümer verlangt Zurückzahlung des Betrages, weil die Gemeinde mit dem früheren Eigentümer eine privatrechtliche Abmachung getroffen habe, in jährlichen Raten den Anliegerbeitrag zu tilgen. Seit 4 Jahren finden Ratenzahlungen statt, infolgedessen sei das Recht der Gemeinde aus dem obengenannten § 10 erloschen!

Das Recht der Stadtgemeinde aus dem § 10 ist erloschen. Als Zeit der Fälligkeit der Beiträge gilt diejenige, in der die Kosten gefordert werden konnten. Das Vorrecht der Gemeinde bestand nicht mehr, und mit Recht beansprucht daher der Kläger die Streitsumme. — **Die Ratenzahlungen des Anliegerbeitrages stellen nicht ohne weiteres eine gemeine Last dar.** Gemäß den Bestimmungen des Ausführungsgesetzes zum Zwangsversteigerungsgesetz haben die Straßenanliegerbeiträge den Vorrang nur, soweit sie zu den gemeinen Lasten gehören und solche sind nur die auf einem nicht privatrechtlichen Titel beruhenden

Abgaben und Leistungen, die auf dem Grundstücke nach Gesetz und Verfassung haften. Haben nach dem Ortsstatut die Anlieger kein Recht auf Ratenzahlungen, sondern die Stadtgemeinde hat es sich vorbehalten, im einzelnen Falle den Antrag auf die Ratenzahlungen anzunehmen oder abzulehnen, so können die Fälligkeitstermine für die Zahlung der Kostenbeiträge nur auf Grund eines privatrechtlichen Abkommens hinausgeschoben werden. OLG. Kiel II 339/11, Städtezeitung 3. J. S. 713.

74. Die Gemeinde hatte im Ortsstatut die Höhe der Anliegerbeiträge nach Einheitspreisen festgesetzt!

Die Gemeinde muß unter allen Umständen vorleisten; ist der Einheitspreis höher, als das, was sie ausgegeben hat, so ist die Beitragsforderung insoweit nicht gerechtfertigt.

75. Anlieger erhebt Einspruch, weil er auf Grund des Ortsstatuts vom 1. Januar 1900 herangezogen worden sei, während er im Jahre 1895 die Verpflichtung gegenüber der Gemeinde grundbuchlich übernommen habe, auf Grund des Ortsstatuts vom 1. Oktober 1884 die Straßenbaukosten beim Ausbau der Straße zu entrichten! Vergl. OVG. 17. Nov. 1894 Nr. II 1561.

Die Gemeinde ist berechtigt die Heranziehung auf Grund des Ortsstatuts vom 1. Januar 1900 vorzunehmen, wenn die Errichtung eines Gebäudes im Sinne des § 15 vorliegt. Vergl. RG. XIV. ZS. 15. Febr. 1912, Recht XVI S. 169.

76. Der Eigentümer war zur Sicherheitsleistung für die Erfüllung der künftigen Verpflichtung mit dem § 15 als zu einer ihm obliegenden Gemeindelast herangezogen worden! Vergl. OVG. 23 S. 27, RG. 4. Febr. 1908, Recht 1908 S. 301!

Eine derartige Heranziehung ist unzulässig und eine statutarische Bestimmung, nach der auf Grund des § 15 den Straßenanliegern eine derartige Gemeindelast auferlegt werden kann, ist ungültig!

Der Rechtsweg ist ausgeschlossen, derselbe ist nur dann eröffnet, wenn der Grundstückseigentümer freiwillig durch einen Vertrag mit der Gemeindebehörde vereinbarte Leistungen übernommen hat, um dadurch den Widerspruch der Gemeindebehörde gegen einen Neubau an einer noch nicht fertig gestellten Straße zu beseitigen. — Beide Fälle sind scharf auseinander zu halten.

77. Nachdem die Straße fertiggestellt, die Heranziehung erfolgt ist, ändert die Gemeinde die Pflasterung des Bürgersteiges, indem sie Platten verlegt und zieht nun auf Grund des § 15 die Anlieger noch einmal zu den Kosten dieser Platten heran!

Dies ist unzulässig. Nach Fertigstellung der Straße kann eine Heranziehung auf Grund des § 15 nicht erfolgen, sondern eventuell auf Grund des § 9 des Kommunalabgabengesetzes. OVG. 35 S. 78.

78. Es wird Klage erhoben auf Rückerstattung des eingezogenen Betrages, nachdem es versäumt ist, fristzeitig Rechtsmittel einzulegen!

Dies ist nach Inkrafttreten des Kommunalabgabengesetzes unzulässig. OVG. 20. Mai 1896 Nr. II 1032, v. Strauß und Torney, 5. Aufl. S. 270, Matthias PrVBl. 33 S. 560.

III. Dinglichkeit der Beiträge, Eigentümer.*)

79. Der Herangezogene erhebt Einspruch gegen die Dinglichkeit der Beiträge!

Der Einspruch ist unberechtigt, die Beiträge aus dem § 15 (ebenso aus dem § 9 des Kommunalabgabengesetzes) sind dinglich. Vergl. Matthias, Zeitschrift für Polizei- und Verwaltungsbeamte 1910 S 565ff. OVG. 33 S. 125, 35 S. 70.

80. Die Weigerung des Grundstückseigentümers, die von ihm geforderten Anliegerbeiträge zu entrichten, kann nicht darauf gestützt werden, daß nur der frühere Eigentümer des Grundstücks, nicht aber er selbst an einer Straße gebaut habe, OVG. 35 S. 69.

81. Der neue Erwerber wurde herangezogen, trotzdem sein Vorgänger vom Verwaltungsrichter vom Beitrage freigestellt war!

Wird eine Heranziehung zu einem Anliegerbeitrage vom Verwaltungsrichter, als materiell nicht gerechtfertigt, außer Kraft gesetzt, so ist der Anspruch der Gemeindebehörde durch das Urteil konsumiert und kann auch gegen einen neuen Erwerber des Grundstücks nicht mehr geltend gemacht werden, OVG. 35 S. 68.

82. Das Grundstück gehörte zur Konkursmasse, die Heranziehung war an den Eigentümer gerichtet!

Die Heranziehung ist nicht rechtsgültig, sie muß an den Konkursverwalter erfolgen. RG. V. ZS. vom 10. Febr. 1904, PrVBl. 25 S. 593.

83. Der Besitznachfolger wird persönlich herangezogen, trotzdem eine Heranziehung des Vorbesitzers bereits erfolgt ist!

Dies ist nicht statthaft, der Herangezogene haftet mit dem Grundstück und seinem Vermögen, der Rechtsnachfolger nur mit dem Grundstück.

84. Der Ehemann, welcher für einen Anliegerbeitrag seiner Ehefrau in Anspruch genommen wird, erhebt Einspruch!

Der Ehemann kann nicht in Anspruch genommen werden.

---

*) Vergl. S. 14, 27.

85. Die Heranziehung sei unberechtigt, weil die Straße zur Zeit des Besitzvorgängers fertig gestellt worden sei!

Der Einspruch ist unberechtigt. Siehe S. 32.

Es werden Zweifel geäußert:

86. Wegen Behandlung der Herangezogenen im Konkurs- und Subhastationsverfahren!

Siehe S. 32, 33.

87. Wegen Behandlung der Gemeindegrundstücke, der dem öffentlichen Dienst gewidmeten!

Siehe S. 33.

88. Der Eigentümer behauptet, seine Heranziehung sei zu Unrecht erfolgt, da die Gemeinde die Beitragsforderung bei der Versteigerung des Grundstücks hätte anmelden müssen!

Der Ersteher haftet nicht für rückständige und laufende Lasten und Abgaben, welche im Versteigerungsverfahren hätten geltend gemacht werden können, aber nicht angemeldet worden sind. Dies trifft auf Straßenbaukosten nicht zu, denn die Beitragsforderung gehört selbstverständlich nicht zu den laufenden Abgaben. OVG. 21. Dez. 1911 (IV. C. 192, 10) PrVBl. 33 S. 769.

89. Der Anlieger klagt gegen seinen Vorbesitzer wegen Zahlung von Straßenbaukosten im Verwaltungsstreitverfahren!

Einem wegen Zahlung von Pflasterkosten (Straßenbaubeiträgen) herangezogenen Grundbesitzer steht gegen seinen Vorbesitzer eine Klage im Verwaltungsstreitverfahren nicht zu. OVG. 27. Mai 1902 (II. 938) PrVBl. 24 S. 810.

90. Eigentümer klagt gegen seinen Besitzvorgänger, weil er nach Vornahme von baulichen Veränderungen zum Anliegerbeitrag herangezogen sei!

Für Anliegerbeiträge, welche zu den öffentlichen Lasten gehören, steht Verkäufer nicht ein. RG. 13. Juni 1906 V. 610/05.

IV. Nachforderung von Beiträgen.

91. Die Gemeinde habe einen Beitrag nachgefordert, trotzdem bereits eine Heranziehung erfolgt sei!

Die Gemeinde ist hierzu berechtigt innerhalb der Frist des § 87 KAG., insoweit die frühere Heranziehung nicht einen Verzicht auf weitere Beiträge enthält. OVG. 37 S. 54, 23 S. 57; 11. März 1909 PrVBl. 31 S. 463.

V. Verzicht auf Beiträge.*)

92. Der Gemeindevorstand habe auf Grund früherer Besprechung auf den Anliegerbeitrag verzichtet!

Der Verzicht muß formgerecht sein unter Zustimmung der Stadtverordnetenversammlung. OVG. 43 S. 19, siehe S. 33. — Irrtümliche Erklärung der Gemeinde über etwaige Beitragspflicht ist kein Hinderungsgrund für Erhebung der Beiträge. OVG. 38 S. 145, siehe S. 33 Nr. 127.

93. Es wird Einspruch gegen den Kostenverteilungsplan erhoben, weil einem Anlieger die Straßenbaukosten gegen Abtretung einer Parzelle aufgerechnet worden sind!

Nach der Rechtsprechung des Oberverwaltungsgerichts steht es fest (OVG. 12 S. 123, 18 S. 79, 21 S. 166), daß es rechtlich unzulässig und nicht bindend ist, wenn eine Gemeindebehörde im Voraus privatrechtlich auf die Regelung und Handhabung der Gemeindeabgabenverfassung in gewissem Sinne für die Zukunft verzichtet. Ist eine Abrede getroffen, daß ein Grundstück von Pflasterkosten freibleiben solle gegen Abtretung einer Parzelle, so steht nichts entgegen, die behauptete Abrede dahin aufzufassen, daß sie die Entstehung der Abgabenpflicht ganz unberührt lasse, daß aber, sobald die Abgabenpflicht entstanden und der Beitrag fällig gewesen sein würde, letzterer nicht erhoben, vielmehr der Anspruch aus dem Rechtsverhältnis im Voraus auf dem Wege vertragsmäßiger Regelung durch die Abtretung der erwähnten Parzelle abgegolten sein sollte. OVG. 33 S. 106.

VI. Verjährung.**)

94. Dem Einwande der Verjährung der Forderung, weil die Straße schon im Jahre 1889 ausgebaut sei, wird mit Erfolg entgegengehalten, daß eine für die Straße geschenkte Parzelle erst im Jahre 1901 an die Stadt im Grundbuch aufgelassen worden sei. OVG. 4. Mai 1905 (IV. 691) PrVBl. 27 S. 81.

95. Eigentümer erhebt den Einspruch der Verjährung, er habe im Juli 1907 ein Gebäude errichtet, die Heranziehung sei erst am 2. Febr. 1912 erfolgt!

Die Beitragsforderung ist verjährt mit Ablauf des Rechnungsjahres 1911, maßgebend ist das Etatjahr. OVG. 37 S. 46, 50 S. 86; Saß KAG. S 150, 151. Durch den Mangel baupolizeilicher Erlaubnis wird die Verjährungsfrist nicht gehemmt. OVG. 1. Febr. 1912 (IV. C. 150, 11), DJZ. 1912 S. 1302.

---

*) Vergl. S. 33.
**) Vergl. S. 33, 34.

96. Der Anlieger war im Juli 1906 zum Beitrag herangezogen worden, infolge Versehens der Gemeinde wurde die Zwangsvollstreckung erst im Oktober 1912 angeordnet. Es wird behauptet, der Betrag sei verjährt!

Nach dem § 88 Ziffer 1 des Kommunalabgabengesetzes tritt die Verjährung in 4 Jahren ein, von dem Ablauf des Jahres an gerechnet, in welches der Zahlungstermin fällt.

97. Es wird Einspruch wegen Verjährung der Anliegerbeiträge erhoben, weil die Gemeinde bei Zusammenrechnung der Kosten der Straße säumig gewesen sei!

Die Gemeinde ist nicht befugt, nach der Fertigstellung der Straße die Festsetzung und Verteilung der Kosten beliebig hinauszuschieben und auf diese Weise die im Interesse der Beitragspflichtigen getroffene Bestimmung über die Verjährung abzuschwächen. Andererseits ist der Gemeinde aber nicht verwehrt, bei Prüfung der Rechnungen und Beläge, bevor sie zur Feststellung und Verteilung der Anliegerbeiträge schreitet, alle ihr erforderlich scheinende Vorsorge zu üben, die Vorprüfung durch Fach- und Revisionskommissionen anzuordnen und dann erst die Abrechnung zum Abschluß zu bringen. OVG. 23. Nov. 1911 (IV. C. 52, 11) PrVBl. 33 S. 486. Vergl. Noell-Freund, Anm. 10 zu § 87 KAG.

VII. Verzinsung der Beiträge, Darlehn zum Straßenbau.**)

98. Die Gemeinde habe zu Unrecht die Verzinsung des Beitrages gefordert!

Eine Verzinsung der Beiträge ist unzulässig. Sind Zinsen für Teilzahlungen besonders vereinbart, so liegt diese Vereinbarung außerhalb des Gesetzes. OVG. 18. Jan. 1908 (IV. 93) PrVBl. 28 S. 83, vergl. S. 45.

99. Die Gemeinde hat von einer Privatperson ein Darlehn für den Straßenbau aufgenommen. Infolgedessen wird Einspruch erhoben!

Ist die Gemeinde verpflichtet das Darlehn zurückzugeben, so liegt eine Aufwendung der Gemeinde aus eigenen Mitteln vor, und sie kann die Anlieger zu Beiträgen heranziehen (vergl. OVG. 49 S. 150). Häufig kommt jedoch der Fall vor, daß der Straßenbauunternehmer oder ein Anlieger, der ein besonderes Interesse an dem Ausbau der Straße hat, der Gemeinde ein Darlehn gibt und die Rückzahlung desselben an die Bedingung geknüpft wird, daß sie nicht aus den Mitteln der Gemeinde, sondern je nach Eingang der Anliegerbeiträge zu erfolgen habe. Bei solcher

*) Vergl. S. 45.

Abmachung darf die Gemeinde die Anlieger mit dem Betrage des Darlehns nicht belasten, denn tatsächlich hat sie Aufwendungen für den Straßenbau nicht gemacht. OVG. 13. Febr. 1908, PrVBl. 30 S. 222.

Voraussetzung für die Zulässigkeit der Erhebung von Anliegerbeiträgen ist, daß die Stadt den Ausbau oder die Unterhaltung der Straße, deren Kosten gefordert werden, für eigene Rechnung ausgeführt hat. Solche Beiträge können insbesondere dann nicht verlangt werden, wenn die Stadt die betreffenden Arbeiten tatsächlich geleistet hat, dies jedoch auf Rechnung eines Dritten geschehen ist. Dabei ist es gleichgültig, ob dieser als „Unternehmer" im Sinne und mit den öffentlich rechtlichen Wirkungen des § 15 anzusehen ist, oder ob von der Stadt nur zufolge privatrechtlicher Abmachungen auf seine Rechnung gebaut wird; denn in beiden Fällen fehlt es im Verhältnis der Stadt zu dem Anlieger an einem Erstattungsanspruch gegen den Letzteren. Das Vorliegen eines solchen bildet aber eine notwendige Voraussetzung für das Bestehen einer Anliegerbeitragsforderung (vergl. OVG. 49 S. 150, PrVBl. 30 S. 223; Germershausen, Wegerecht, 3. Aufl. Bd. 1 § 52 lit. g. S. 837; Friedrichs 5. Aufl. S. 283, Bemerkung 11 zu § 15). Nur wenn die Stadt die Kosten für eine Straße auf ihre eigene Rechnung verausgabt, kann von deren Erstattung durch die Anlieger die Rede sein, nicht aber, wenn sie solche auf Rechnung eines Dritten einstweilen verauslagt. Die städtischen Organe haben in einem Falle der letzteren Art nicht den Willen, eine Schuld der Stadt zu bezahlen; vielmehr haben sie die Absicht, eine Verpflichtung des Dritten, auf dessen Kosten die Straße gebaut oder unterhalten wird, an dessen Stelle zu erfüllen. Dadurch kann zwar im Verhältnis der Stadt zu dem Dritten (etwa aus einem Vertrag oder Auftrag) gegen diesen ein Ersatzanspruch privatrechtlicher Natur erstehen, nicht aber ein Erstattungsanspruch gegen den Anlieger mit den öffentlich rechtlichen Wirkungen eines solchen Anspruchs. Ob im einzelnen Falle von der Stadt auf eigene Rechnung oder auf Rechnung eines Dritten gebaut worden ist, das ist eine Tatfrage, die nach dem Inhalte der getroffenen Vereinbarungen und den begleitenden Umständen zu entscheiden ist. OVG. 3. März 1910 (IV. C. 100, 09) PrVBl. 32 S. 332.

VIII. Zuschüsse zum Ausbau.

100. Die Provinz habe einen Zuschuß von 50 000 Mk gewährt, dieser Betrag sei den Anliegern auf ihren Beitrag nicht zu Gute gerechnet worden!

Die Anrechnung dieses Betrages ist nicht gerechtfertigt, da der Zuschuß für die Übernahme der Unterhaltung, nicht für den Ausbau gezahlt ist, OVG. 37 S. 43, 47 S. 160, 48 S. 102.

101. Ein Unternehmer im Sinne des § 15 hatte mit dem Straßenbau begonnen, die Fertigstellung war durch die Gemeinde geschehen. Letztere zog nun die Anlieger zu dem Betrage heran, den sowohl sie als auch der Unternehmer aufgewendet hatte. Dagegen wird Einspruch erhoben!

Es darf höchstens der Kostenbetrag gefordert werden, den die Gemeinde aufgewendet hat, OVG. 50, S. 78.

IX. Anrechnung des Wertes des abgetretenen Straßenlandes.*)

102. Die Anlieger hätten kein Recht auf Anrechnung der abgetretenen Straßenflächen!

Der Einspruch würde gerechtfertigt sein, wenn das Ortsstatut diese Materie nicht anders geregelt hätte, OVG. 33, S. 120.

103. Die Gemeinde erkennt nicht an, daß das vom Vorbesitzer abgetretene Straßenterrain als solches anzusehen sei, welches vom Eigentümer abgetreten ist!

Das Terrain gilt vom Eigentümer abgetreten auch wenn der Vorbesitzer dasselbe bereits abgetreten hat. OVG., 7. März 1896, Nr. 2, S. 49. Dies folgt aus dem Ortsstatut. Vergl. OVG. 51, S. 81.

Der Besitznachfolger wird zu den Beiträgen herangezogen, auch wenn der Vorbesitzer das Gebäude errichtet hat; dann muß aber auch für ihn dasselbe hinsichtlich der Vorteile gelten und der herangezogene Besitznachfolger so betrachtet und behandelt werden, als ob er selbst und nicht einer seiner Besitzvorgänger die in Rede stehende Fläche für die Straße abgetreten habe. OVG., 17. Mai 1909, DJZ. Nr. 3, Jahrg. 15, Städtezeitung 7. Jahrg., S. 353.

104. Anlieger erhebt Einspruch, weil die Gemeinde die Preise für freiwillig abgetretene Straßen nach dem Werte des Baulandes eingesetzt habe. Die Gemeinde war nach dem Ortsstatut berechtigt, ortsübliche Preise einzusetzen!

M. E. dürfen in einem derartigen Falle nur die ortsüblichen Werte für Straßenland eingesetzt werden, welche sich in der Regel aus vorangegangenen Enteignungen ergeben werden. Eine Anrechnung des Straßenlandes als Bauland kann in Fällen, in denen nur die Anlieger einer Straßenseite Straßenland abgetreten haben zu bedeutenden Belastungen der andern führen. Vergl. Saß, KAG. S. 131.

*) Vergl. S. 35—39, 63.

X. Einwendungen gegen den Ausbau; Programm, Provisorium, Verkehrserschwerung zwischen Haus und Straße.

105. Es seien technische Fehler beim Ausbau der Straße gemacht worden!

Derartige Fehler begründen keine Einwendung gegen die Beitragspflicht, ein etwa daraus herzuleitender Schadenersatzanspruch gehört dem Privatrecht an. OVG. 37, S. 43. Die Pflichtigen können nicht rügen, daß die Straße billiger gebaut werden konnte.

106. Die Gemeinde hätte das Straßenland enteignen müssen statt Vereinbarungen zu treffen!

Die Entscheidung hierüber ist Sache der Gemeinde. OVG., 21. Febr. 1898, Nr. 361. IV; 17 S. 186.

107. Die Gemeinde habe ihr ursprüngliches Programm geändert und für den Ausbau nicht ausdrücklich vorgängige Beschlüsse gefaßt!

So lange die Straße in der Anlegung begriffen ist, sind die städtischen Behörden befugt, ihr Programm zu ändern. Das Programm der Gemeinde kann sich auch stillschweigend aus anderen Maßregeln der Gemeindeverwaltung ergeben, z. B. aus Beschlüssen über die Ausführung bestimmter Arbeiten, OVG. 41 S. 133. Für Berechnung der Beiträge ist das im Ortsstatut festgesetzte Maß zugrunde zu legen, OVG. 25 S. 98. Liegen solche Vorschriften nicht vor, so kommt es lediglich auf das Programm der Gemeinde für die Straße an, OVG. 2. Juni 1897 Nr. II 1027, PrVBl. 19 S. 358.

108. Die Strecke zwischen Wilhelmstraße und Parkstraße sei bereits vor Beginn des Ausbaues mit Pflaster versehen worden!

Es handelt sich nur um ein Provisorium, welches der Heranziehung nicht entgegensteht.

109. Anlieger erhebt Einspruch wegen Ermäßigung des Beitrages, weil vor seinem Grundstück, überhaupt in dem betreffenden Straßenteil die Fahrdammbreite nur 7,0 m betrage, sonst überall 10,0 m!

Eine derartige Verschiedenheit des Ausbaues gehört zum Programm der Gemeinde und rechtfertigt keineswegs eine Trennung der Abrechnung nach Straßenteilen.

110. Eigentümer hat Schaden gehabt in seinem Ladenbetrieb wegen eines aus Rücksicht auf den Straßenbau errichteten Bauzaunes und klagt auf Entschädigung!

Der Anspruch ist nicht gerechtfertigt. Den Anliegern steht kein Entschädigungsanspruch zu, wenn es sich um vorübergehende Störungen handelt, welche durch den Straßenbau entstehen. Siehe die sehr eingehenden Ausführungen bei Germershausen, Wegerecht und Wegeverwaltung Bd. 1 S. 153 ff., RG. 16. Nov. 1885, PrVBl. 17 S. 162, Selbstverwaltung 23 S. 237; 28. März 1896 E. 37 S. 252; 6. Mai 1896, Juristische Wochenschrift 1896 S. 328, Seufferts Arch. 42 S. 430.

111. Die Straße sei nicht nach den baupolizeilichen Bestimmungen des Ortes hergestellt!

Die Gemeinde würde an die baupolizeilichen Bestimmungen gebunden sein, wenn dieselben im Ortsstatut dem Ausbau der Straßen zugrunde gelegt wären, andernfalls ist das Programm der Gemeinde für den Ausbau der Straße maßgebend. Will jedoch die Gemeinde hinter den baupolizeilichen Bestimmungen des Orts zurückbleiben, so muß sie ein Einverständnis darüber mit der Baupolizeibehörde herbeiführen, OVG. 35 S. 75, 41 S. 148, 52 S. 111.

112. Anlieger klagt auf Schadensersatz gegen die Gemeinde, weil er infolge Höherlegung der Staße geschädigt sei: 1) müßte er seine Wohnungen billiger vermieten, infolge verschlechterten Zuganges zu denselben, 2) wäre die auf dem Hofe befindliche Schmiede nicht mehr erfolgreich zu betreiben, weil die Verbindung mit der Straße so steil sei, daß Wagen nur mit großer Vorsicht in die Schmiede geschafft werden könnten!

Die Rechtsprechung des Reichsgerichts hat in dieser Frage geschwankt. Das Reichsgericht erkennt zurzeit an, daß die Erschwerung der Kommunikation zum Hausgrundstück, welche infolge des Straßenausbaues einer öffentlichen städtischen oder Dorf-Straße (nicht eines Landweges) entstanden ist, den Hausbesitzer zur Geltendmachung eines Schadenersatzanspruches berechtigt; allerdings muß sich derselbe gefallen lassen, daß der Vorteil, der ihm durch den Ausbau der Straße erwächst, gegen seinen Schaden aufgerechnet wird. Diese Rechtsgrundsätze gelten nur für die Gebiete des allgemeinen Landrechts und des rheinisch-französischen Rechts, nicht für das Gebiet des gemeinen Rechts. — Nach ständiger Rechtsprechung des Reichsgerichts steht im früheren Geltungsgebiete des Allgemeinen Landrechts den Eigentümern städtischer Hausgrundstücke an einer vorüberführenden im Eigentume der Stadtgemeinde stehenden öffentlichen Straße ein servitutarisches Recht auf ungehinderte Kommunikation zu, das mit Rücksicht auf die aus dem Gesetze (vergl. §§ 36, 78, 8 ALR. I. 8) sich ergebenden Wechselbeziehungen zwischen dem Eigentume an den Hausgrundstücken und dem Eigentume an der Straße als durch stillschweigenden Vertrag begründet zu erachten ist, RGZ. Bd. 7 S. 213, 24 S. 247, 36 S. 272, 37 S. 255, 44 S. 282, 56 S. 101, 62 S. 89. Dieser stillschweigende Vertrag schließt allerdings den Vorbehalt ein, daß der Hausbesitzer sich alle Veränderungen gefallen lassen muß, die dazu dienen, die Straße in den Zustand zu erhalten oder auch in den Zustand zu setzen, in dem sie ihrer Bestimmung am vollkommensten genügen kann, RGZ. Bd. 37 S. 252, RG. in Gruchot Bd. 31 S. 932. Wenn aber, nachdem der Anbau an die Straße erfolgt ist, durch nachträgliche Änderungen der Straße der Zugang von und nach dieser dauernd wesentlich erschwert wird, hat der Hausbesitzer gegen die Stadtgemeinde einen Anspruch auf Ersatz des ihm hierdurch entstehenden Schadens, RGZ. Bd. 44 S. 285, 56 S. 101, 62 S. 89. Der Anwendung dieser Grundsätze steht nicht entgegen, daß die fragliche Straße ursprünglich eine durch die Ortschaft hindurch geführte Chaussee war und daß die Gemeinde nicht eine Stadtgemeinde, sondern eine Landgemeinde ist. Denn die Straße, an welcher der Gemeinde innerhalb ihrer Grenzen das Eigentum zusteht, ist eine zum Verkehr der Ortseingesessenen untereinander dienende Ortsstraße und die Landgemeinde, zu der das Hausgrundstück gehört, ist eine in sich geschlossene Ortschaft; es bestehen also auch vorliegend die Wechselbeziehungen zwischem dem Eigentume an dem Hausgrundstücke und dem Eigentum an der Straße, welche die Annahme der Begründung des vorbezeichneten servitutarischen Rechts durch stillschweigenden Vertrag rechtfertigen. Strieth. Arch. Bd. 62 S. 276, RG. vom 19. Dez. 1907 (V. 164 07).

Für den Grund des Anspruchs ist auch die Frage der Ausgleichung durch den Vorteil von Bedeutung. (RG. in Sächs. Arch. Bd. 12 S. 727 I. 20 v. 3./5. 02, RG. 65 S. 60; a. M. Gaupp-Stein Anm. I. 2 zu § 304 ZPO., Bayr. OLG. in DJZ. Bd. 11 S. 375.) Denn dieser Vorteil ist gleich einer Gegenforderung anzurechnen, RG. 19. Dez. 1907 (V. 164, 07).

Dem Hausbesitzer steht auf Grund seines servitutarischen Rechtes als Straßenanlieger ein Entschädigungsanspruch nur wegen Verkehrserschwerung zu, nicht dafür, daß infolge Anschüttung der Straße die Wohnung feucht und der Fußboden kälter geworden sei. RG. 9. Febr. 1911 (V. 132, 1910).

Das Gebäude war an einem schmalen nur mit wenigen Häusern besetzten Gartenweg errichtet, dem alle Merkmale einer zum Anbau bestimmten städtischen Straße fehlten und zwar neben der Beleuchtung und Entwässerung vor allem die Pflasterung. Wer sich in solcher Lage anbaut, tut es auf seine Gefahr und darf nicht darauf rechnen, daß, wenn ein solcher Weg sich späterhin zur städtischen Straße entwickelt und gemäß den an eine solche zu stellenden Anforderungen als städtische Straße hergerichtet wird, die Niveauverhältnisse dieselben bleiben. Den daraus entstehenden Schaden muß er selbst tragen. RG. VII. ZS. vom 10. Febr. 1905, Selbstverw. 1905 S. 846.

Nach feststehender Judikatur des Reichsgerichts steht den Eigentümern bebauter Grundstücke ein Recht auf ungehinderte Kommunikation mit der vorübergehenden Straße dann zu, wenn die Bebauung an einer städtischen oder Dorfstraße erfolgt ist; dagegen besteht ein solcher Rechtsanspruch nicht, wenn sich die Bebauung auf Grundstücken vollzogen hat, die an Land- und Heerstraße oder Chaussee belegen sind. RG. V. ZS., PrVBl. 18 S. 498. Vergl. Behring, die Rechte der Anlieger an einer Straße; Ledermann StdO. Anm. 1b II. zu § 56.

113. Eigentümer erhebt Einspruch gegen die Heranziehung, weil dieselbe verfrüht, da eine in die Straße fallende Grundfläche noch nicht aufgelassen sei!

Die Ansicht ist vorliegendenfalls unzutreffend. Darüber, was zur ersten Einrichtung gehört, hat die Gemeinde zu befinden, sei es durch allgemeine Festsetzungen im Ortsstatut, sei es durch den einzelnen, besonders für die einzelne Straße aufgestellten Bauplan (vergl. OVG. 35 S. 78). Die Gemeinde hat sich im vorliegenden Fall im Ortsstatut nicht dahin gebunden, daß das gesamte Straßenland an sie aufgelassen werden muß. Die Gemeinde hat ausdrücklich darauf verzichtet, die Erstattung der für den Erwerb der Parzelle etwa noch aufzuwendenden Kosten von den Anliegern zu verlangen. Damit scheiden diese etwaigen Kosten für die Heranziehung der Anlieger gänzlich aus. Der beitragspflichtige Anlieger hat — sofern nicht etwa im Statut abweichende Anordnungen getroffen sind — keinen Anspruch auf Fertigstellung der Straße, sondern nur darauf, daß er nicht eher herangezogen wird, bevor die gesamten erstattungsfähigen Kosten feststehen, OVG. 3. Jan. 1901 (IV 11) PrVBl. 22 S. 479.

XI. Spaltung der Beiträge.*)

114. Eigentümer verlangt Spaltung der Beiträge!

Dazu ist derselbe nicht berechtigt, da die Spaltung der Beiträge laut Ortsstatut in das Ermessen der Gemeinde gestellt ist, vergl. OVG. 17. März 1893, PrVBl. 14 S. 368, OVG. 42 S. 27, 28; 52 S. 115; 35 S. 78; 55 S. 84; 36 S. 61.

*) Vergl. S. 71.

XII. Kosten der Unterhaltung.*)

115. Die Unterhaltungskosten für die fünfjährige Unterhaltungspflicht seien im voraus gefordert worden!

Auch bezüglich der Unterhaltungskosten muß die Gemeinde vorgeleistet haben, da der Beitrag den Charakter des Erstattungsanspruchs hat.

XIII. Kosten der gesamten Straßenanlage, wirtschaftliche Einheit.**)

116. Die Kostenrechnung habe ausgelegt werden müssen!

Eine Auslegung ist nicht notwendig, den Beteiligten ist jedoch Einsicht in die Rechnungen zu gewähren, eine vollständige Abschrift kann nicht verlangt werden, OVG. 40 S. 109. Vergl. von Strauß und Torney S. 253 ff.

117. Maßgebend für die Beurteilung der wirtschaftlichen Einheit sei nicht der Zeitpunkt der Fertigstellung des Gebäudes, sondern der Beginn der Errichtung des Gebäudes!

Der Einspruch ist nicht berechtigt, siehe S. 27 ff.

118. Die wirtschaftliche Einheit sei nicht vorhanden, sobald das Grundstück verschiedene Grundbuchnummern habe oder in irgend einer Weise, sei es durch Zäune oder sonst irgendwie, in mehrere Teile zerlegt sei!

Siehe dagegen S. 29.

XIV. Maßstab der Kostenverteilung.***)

119. Es werden Zweifel laut wegen Anrechnung der Breiten projektierter Straßen, Parkanliegerrenten, Fronten am öffentlichen Fluß, Vorgärten!

Siehe S. 23, 28, 71.

120. Die Kosten der Ringstraße hätten nicht insgesammt zusammengerechnet und verteilt werden dürfen, sondern wegen der verschiedenartigen Aufwendungen nach einzelnen Straßenteilen!

Die Gemeinde ist wohl berechtigt, aus einer auszubauenden Straße einzelne Teile vorerst auszubauen und umzulegen, eine Verpflichtung dazu liegt ihr nicht ob. Im vorliegenden Falle handelte es sich um einen einheitlichen Straßenzug.

---

*) Vergl. S. 9, 10, 55.
**) Vergl. S. 27, 32, 74, 75.
***) Vergl. S. 10.

121. Die Straße, aus zwei Fahrdämmen usw. bestehend, sei durch eine Promenade getrennt, in Folge dessen sei nur die Heranziehung zu einem Fahrdamm zulässig, in der Weise, daß auf die Promenade die andere Hälfte der Straßenbaukosten entfalle!

Diese Frage ist nach den tatsächlichen Verhältnissen zu beurteilen. Zerfällt die Straße in ihrer Längsrichtung tatsächlich in zwei voneinander zu trennende Teile, so muß die Heranziehung wie im Einspruch verlangt, vorgenommen werden, vergl. PrVBl. 14 S. 171. — Zwei nebeneinander herlaufende Straßen, die nur je eine Fluchtlinie haben, müssen nicht notwendig eine einheitliche Straße bilden, OVG. 27. Nov. 1911 (IV C 216 10.) PrVBl. 33 S. 373. — Eine Einheitlichkeit des Straßenzuges würde nicht angenommen bei zwei Straßen, welche beide nach verschiedenen Richtungen und Endpunkten verlaufen, die eine Straße fällt ab, die andere geht bergan, zwischen ihnen lag auf der in Frage kommenden Strecke eine Böschung, die von einem halben bis zu 6 m ansteigt, OVG. 27. Nov. 1911 (IV C 216 10.) PrVBl. 33 S. 372. Anknüpfend an diese Entscheidung „Zum Begriff der Straße" von Schultzenstein, PrVBl. 33 S. 337.

122. Die Straße ist 38,0 m breit mit zwei Fahrdämmen und einer Mittelpromenade versehen, die Heranziehung war in der Weise erfolgt, daß 26,0 m Pflasterungsbreite herausgenommen und die Kosten hierfür den Anliegern auferlegt wurden!

Dies Verfahren ist nach OVG. 37 S. 60 unzulässig. Das Oberverwaltungsgericht ist stets davon ausgegangen, daß der Beitrag der Anlieger zu den Gesamtkosten immer nach dem Verhältnis von 26 m zu der ganzen Breite der Straße berechnet werden müsse und daß es untunlich sei, sie nach den örtlichen Grenzen der 26 bezw. 13 m von der Mitte der Straße oder von den Häusern aus gemessen, zu berechnen."

123. Der Frontlängenmaßstab sei ungerecht, es müsse auch die Fläche des Grundstücks berücksichtigt werden!

Nach dem § 15 sind die entstehenden Kosten den Eigentümern nach Verhältnis der Länge ihrer die Straße berührenden Grenze zur Last zu legen. Der § 10 des Kommunalabgabengesetzes gewährt den Gemeinden das Recht, die Kosten nach einem anderen Maßstab, z. B. nach der bebauungsfähigen Fläche umzulegen, eine Verpflichtung zur Einführung eines derartigen Maßstabes liegt ihr jedenfalls nicht ob. Bisher hat, soweit bekannt, die Bestimmung des § 10 keine Anwendung gefunden. Vergl. Saß, FlG. S 117, 118 und die ausführlichen Vorschläge in Saß KAG. S. 101 ff. zustimmend, Behrens, Kommunale Rundschau V. J. S. 470

124. Anlieger erhebt Einspruch gegen die Verteilung der Kosten, er will nur die Kosten der Straßenfläche bis zur Mitte der Straße vor seinem Grundstück tragen!

Eine solche Auslegung ist unrichtig, OVG. 21. Mai 1906, DJZ. 12 S. 364, K. u. K. Erg. Bd. 1907/09 (Steuersachen S. 56).

125. Die Ecke sei abgerundet, infolgedessen bilde die Länge der Rundung, die die „Straße berührende Grenze"!

Dem Wortlaut nach ist dies richtig, aber wollte man die Länge einer derartig gegen die gerade unregelmäßig verlaufende Straßenfluchtlinie berücksichtigen, würde man zu Unrecht die vorhandene Straßenlänge vermindern, was nicht angängig ist.

126. Die Anlieger waren zu den Gesamtkosten der Straße, welche nur einseitig gebaut werden konnte, da sich auf der anderen Seite die Stadtmauer befand, herangezogen worden!

Zu den Kosten können die Anlieger nur bis zur halben Straßenbreite herangezogen werden.

127. Die umgelegte Straße war zum Teil eine vorhandene bebaute, zum andern Teil eine unter den § 15 fallende. Infolgedessen müsse für jede Straßenart eine besondere Kostenrechnung aufgestellt werden!

Diese Auffassung ist nicht zutreffend, ein derartiger Straßenzug kann sehr wohl als ein einheitlicher angesehen werden.

128. In dem Kostenverteilungsplan seien die Breiten der in den Fluchtlinien festgestellten einmündenden, projektierten Straßen nicht aufgenommen worden, infolgedessen seien die übrigen Anlieger höher belastet als nach den gesetzlichen Bestimmungen!

Die Breiten der einmündenden, in den Fluchtlinien projektierten Straßen müssen in die Kostenrechnung eingesetzt werden (vergl. OVG. 41 S. 149, Anm.) Es entstehen allerdings hierdurch unter Umständen nicht unbedeutende Härten (vergl. die Berechnungen Saß, Pr. Baupolizeirecht S. 92, Fluchtliniengesetz S. 116) für die Anlieger an den projektierten Straßen, aber nach dem Gesetz müssen dieselben als Eigentümer in Anspruch genommen werden, sie bleiben solche auch, wenn sie hinsichtlich der Bebauung ihrer Grundstücke durch die Festsetzung der Fluchtlinien beschränkt sind.

K. Verschiedenes.

129. Der Eigentümer Schulz hatte im Jahre 1903 ein Wohngebäude errichtet. Die Gemeinde hatte von dem Bauverbot abgesehen, nachdem Schulz einen Betrag von 2000 Mark (entsprechend der voraussichtlichen Höhe des Beitrags zu den durch den künftigen Ausbau entstehenden Straßenbaukosten) als Sicherheit hinterlegt hatte. Der hinterlegte Betrag sollte bei der Heranziehung verrechnet werden. Im Jahre 1904 ging das Grundstück infolge Subhastation in die Hände des Schmidt über. Schulz verlangt nun die Rückgabe der hinterlegten 2000 Mark, weil er an der Pflasterung der Straße kein Interesse mehr habe, der Vertrag von beiden Seiten nur getätigt sei in der Voraussetzung, daß Schulz im Zeitpunkt der Heranziehung noch Besitzer des Grundstücks sei, er aber jetzt nicht mehr herangezogen werden könne, da er sein Besitztum verloren und eine Aufrechnung, wie sie in dem Vertrage vorgesehen, daher nicht mehr möglich sei!

Die Gemeinde ist m. E. berechtigt, den hinterlegten Betrag an Schulz zurückzuzahlen, und Schmidt zu dem vollen Betrage zu veranlagen, falls nicht Ersterer an Letzteren seine Rechte aus dem mit der Gemeinde abgeschlossenen Vertrage abgetreten hat. — Wird Schmidt unter Aufrechnung mit dem hinterlegten Betrage herangezogen, so steht möglicherweise Schulz gegen Schmidt ein Anspruch auf Herausgabe wegen ungerechtfertigter Bereicherung gem. §§ 812 ff. BGB. zu. Vergl. S. 37, 57.

130. Anlieger beabsichtigt an den Ringstraße vor Fertigstellung der Straße ein Wohngebäude zu errichten. Die Gemeinde widerspricht dem Baugesuch nicht, nachdem die von ihr gestellten Bedingungen erfüllt sind. Die Polizeibehörde versagt jedoch die baupolizeiche Genehmigung, weil die Straße nach den geltenden baupolizeilichen Bestimmungen noch nicht fertiggestellt sei!

Das sich aus dem Ortsstatut und aus § 12 des Fluchtliniengesetzes ergebende Hindernis einer Erteilung des polizeilichen Konsenses fällt fort, sobald der Gesuchsteller die Zustimmung der Gemeindebehörde bedingungslos oder nach Erfüllung von Bedingungen erlangt hat. Die polizeiliche Erlaubnis wird alsdann nicht vorenthalten und nötigenfalls auf dem durch § 127 ff. LVG. vom 30. Juli 1883 vorgesehenen Verwaltungswege durchgesetzt werden können, RG. VII ZS. 9. Juni 1910, 533/09, KG. 30. Juni 1900, v. K. u. D. Erg. 1906/1910 S. 119, vergl. Ackermann, die Baukonsens und die polizeilichen Beschränkungen der Baufreiheit nach preußischem Recht, S. 111, Haase, PrVBl. 28 S. 912, Friedrichs, das Polizeigesetz S. 172, die Angemessenheit der Bedingungen ist nicht vom Gericht nachzuweisen, Friedrichs a. a. O. S. 173, Hedemann, PrVBl. 28 S. 945, Benkard, Verw.-Arch. 17 S. 360.

131. Die Bauerlaubnis wird abhängig gemacht von Zahlung der Straßenbaukosten!

Dies ist unzulässig. Das Verlangen kann erst gestellt werden, „sobald ein Gebäude errichtet" wird, RG. 23. Febr. 1899, Jur. W. 1899 S. 251, OVG. 4 S. 364, 19 S. 242.

132. Der Anlieger klagt auf Aufhebung einer polizeilichen Verfügung, welche ihm aufgibt, sein bebautes Grundstück gemäß Ortspolizeiverordnung mit einem massiven Sockel und Einfriedigung als Abschluß des Vorgartens gegen die Straße zu versehen, da er zu den Straßenbaukosten nicht herangezogen sei, weil er vor Erlaß des Ortsstatuts gebaut habe!

Die Forderung der Polizei ist unabhängig davon, ob Straßenbaukosten entstehen oder nicht, dieselbe ist nur daran gebunden, daß das Grundstück bebaut und die Straße fertig gestellt ist, vergl. Saß, Preuß. Baupolizeirecht S. 77, 78.

133. Der Anlieger ersucht um Bauerlaubnis zur Errichtung eines Wohngebäudes an der Ringstraße am 1. September 1906. Die Gemeinde ist bereit, von dem Recht des Bauverbots nicht Gebrauch zu machen, wenn Anlieger die gestellten Bedingungen erfüllt.

Gegen dies Verfahren wird Beschwerde bei der Aufsichtsbehörde geführt mit der Begründung, daß es zwar richtig sei, daß die Kosten der Ringstraße noch nicht zusammengerechnet seien und daher noch nicht festständen, aber die Straße sei technisch fertiggestellt, die Gemeinde habe kein Recht, die Errichtung von Wohngebäuden an der Ringstraße zu verbieten, denn die Bestimmungen über den Begriff der fertigen Straße seien erfüllt!

Eine Straße ist erst dann im Sinne des § 15 als eine fertiggestellte anzusehen, wenn die Möglichkeit der Kostenfeststellung vorliegt. So lange dies nicht geschehen ist, unterliegt sie dem Bauverbot des § 12 FlG.

134. Der Ausgang aus dem Wohngebäude in den Vorgarten wurde von der Gemeinde nicht genehmigt unter Berufung auf das Bauverbot aus dem § 12 des Fluchtliniengesetzes. Eigentümer führt Beschwerde dagegen mit der Begründung, daß er an der Ringstraße, einer fertigen Ortsstraße baue, die Gemeinde nicht berechtigt sei, ihm den

Ausgang in den Vorgarten der Straße zu verbieten, wenn der Abschluß des Grundstücks gegen die projektierte Straße gesichert sei!

Zu einem derartigen Verbot ist m. E. die Gemeinde nicht berechtigt, sie kann wohl den Ausgang nach der projektierten Straße, aber nicht in den Vorgarten untersagen, vergl. Saß, Fluchtliniengesetz S. 54, Dierschke, Ortsstatutarische Bauverbote S. 29, dagegen Tschackert, das Recht der Anlieger an Straßen, Rundschau für Gemeindebeamte 17. J. Nr. 45.

135. Anlieger wird im Jahre 1912 auf Grund des § 9 des Kommunalabgabengesetzes zu Straßenbaukosten (die Straße ist umgepflastert) herangezogen, trotzdem sein Grundstück unbebaut ist und die Straße auf Grund des § 15 bereits im Jahre 1905 fertiggestellt war!

Auf Grund des genannten § 9 können auch unbebaute Grundstücke herangezogen werden, auch steht dieser Beitragserhebung nicht entgegen, daß aus Anlaß der Errichtung eines Gebäudes die Beitragserhebung auf Grund des § 15 (aus dem Neubau der Straße im Jahre 1905) nachfolgt. Vergl. Saß, KAG. S. 56.

136. Es sei nicht durch klare Tatsachen bewiesen, daß die Besitzer der unbebauten Grundstücke von der Verpflichtung zur Unterhaltung der Bürgersteige entbunden seien!

Liegen derartige Tatsachen, z. B. Gemeindebeschlüsse nicht vor, so spricht die Wahrscheinlichkeit dafür, daß solche Einschränkung der Observanz nicht zur Entstehung gelangt ist, OVG. 15. Oktober 1908, PrVBl. 31 S. 28.

137. Die Kosten für die Bürgersteige dürften nicht erhoben werden, da die Anlieger die Pflicht der Unterhaltung derselben zu tragen hätten!

Der § 15 kommt nicht in Anwendung, wenn die Wegebaupflicht einen anderen trifft, wenn z. B. die Anlegung und Unterhaltung der Bürgersteige nach dem Gewohnheitsrecht den Anliegern obliegt. Übernimmt jedoch die Gemeinde freiwillig diese Last, wozu sie berechtigt ist, so kann sie Beiträge gemäß § 15 erheben.

138. Anlieger hat sich verpflichtet, das Straßenlend abzutreten, ebenso einen Betrag für die spätere Herstellung der Straße zu hinterlegen, in der Annahme, die Straße unterliege dem Bauverbot, später stellte es sich heraus, daß eine fertige Ortsstraße vorliegt. Er fordert die hinterlegten Kosten zurück und die Rückauflassung des abgetretenen Straßenlandes!

Die Forderung ist berechtigt.

139. Die Kosten der Straßenbahn seien den Straßenbaukosten zuzusetzen!

Diese Ansicht ist irrig, es könnte sich höchstens um eine Beitragserhebung auf Grund des § 9 des KAG. handeln, welche m. E. unter Umständen statthaft ist. (Die Stadt Schöneberg erhebt wegen der Untergrundbahn eine Mehrbelastung auf Grund des § 20 Ziff. 2 des KAG., Rohde, Selbstverw. 1912 S. 606).

140. Die Gemeinde habe sorglos gehandelt, weil sie die Auflassung eines in die Straße fallenden Gebäudeteils, welcher von ihr erworben sei, nicht betrieben habe!

Öffentliche Wege haben in der Regel kein Grundbuch, es kann nur die Abschreibung vom Stammgrundstück erfolgen.

141. Die Gemeinde hat mit einer Gesellschaft die Abmachung getroffen, dahin gehend, daß sie auf Feststellung von Fluchtlinien in einem bestimmten Bezirk in Rücksicht auf den Umstand, daß hier eine große Fabrikanlage errichtet werden soll, verzichte. Trotzdem hat die Gemeinde einen Bebauungsplan aufgestellt und eine Straße durch dies Gelände projektiert und fertiggestellt, hierdurch wurde die bestehende Fabrikanlage in zwei Teile zerrissen. Eigentümer widerspricht der Heranziehung, macht Schadenersatzansprüche geltend und erhebt Beschwerde bei der Aufsichtsbehörde behufs Wiederherstellung des Bebauungsplanes in der ursprünglichen Gestalt!

Die Zusage der Gemeinde war rechtlich nicht bindend, denn überzeugt sich die Gemeinde nach Erteilung der Zusage, daß das öffentliche Interesse die Änderung des Bebauungsplanes verbietet, so muß sie demgemäß verfahren. RG. VII. ZS. 15. März u. 2. April 1907, Recht 11 S. 720 v. K. u. K. Erg. 1906/1910 S. 117.

Ob ein Schadenersatzanspruch gegeben, ist Sache der näheren Verhältnisse. Wird ein solcher festgestellt, so ist ev. zu untersuchen, ob und welcher Betrag den Kosten der ersten Einrichtung der Straße hinzugerechnet werden kann.

142. Anlieger erhebt Einspruch dagegen, daß die Kosten für die Enteignung eines auf der Straße befindlichen Gebäudeteils in die Kostenberechnung eingestellt seien, da die Genehmigung zur Überschreitung der Fluchtlinien trotz Widerspruch der Gemeinde von der Polizeibehörde erteilt sei!

Der § 11 des FlG. begründet keine Verpflichtung, sondern nur die Befugnis der Baupolizeibehörde zur Bauversagung, OVG. 53 S. 403. Dies ist lebhaftem Widerspruch begegnet. Nach dem § 1 des FlG. wird der Fluchtlinienplan von dem Gemeindevorstand im Einverständnis mit der Gemeinde unter Zustimmung der Ortspolizeibehörde festgesetzt. Die Polizei kann nach Abs. 2 sogar die Festsetzung von Fluchtlinien verlangen, wenn die von ihr wahrzunehmenden polizeilichen Rücksichten die Festsetzung fordern. Im Abs. 4 heißt es, daß die Bebauung über die Straßenfluchtlinie hinaus ausgeschlossen sei; im § 5 a. a. O. „Die Zustimmung der Ortspolizeibehörde darf nur versagt werden, wenn die von derselben wahrzunehmenden polizeilichen Rücksichten die Versagung fordern". Trotz dieser gesetzlichen Bestimmungen bleibt die Polizeibehörde nach dem Wortlaut des § 11 berechtigt, das Bauen über die Fluchtlinie hinaus zu gestatten und kann somit von ihrer früher von polizeilichen Rücksichten diktierten Zustimmung zu dem Fluchtlinienplan abweichen. Vergl. bez. der polizeilichen Befugnisse Düring PrVBl. 28 S. 465, 485, Markull PrVBl. 28 S. 627, Reinartz PrVBl. 18 S. 393, Anschütz PrVBl. 19 S. 277, Löhlein PrVBl. 19 S. 305, Behring PrVBl. 19 S. 485; Brauchitsch, die neuen preußischen Verwaltungsgesetze Bd. 4, 5. Bearbeitung S. 461, 462, v. Strauß u. Torney 5. Aufl. S. 78, Saran S. 90, Münchgesang, das Bauwesen S. 283, Saß FlG. S. 43.

143. Anlieger wird zu dem Anliegerbeitrag herangezogen, außerdem wird ihm die Bedingung auferlegt, Wohnungen mit mindestens vier Zimmern zu bauen!

Aus dem § 15 ist die Forderung der Baubeschränkung nicht herzuleiten. Um dieselbe zu begründen, wird die Straße nicht vollständig fertiggestellt, so daß sie noch unter den § 12 FlG. fällt. Nun steht nichts im Wege, an die Bauerlaubnis Bedingungen privatrechtlicher Natur zu knüpfen. Die angeführte Beschränkung wird allgemein für gültig gehalten, aber ich möchte demgegenüber bemerken, daß sie in ihrer Wirkung gleichbedeutend ist mit der unzulässigen Forderung, daß z. B. Mieter ein bestimmtes Einkommen aufweisen müssen, um in der betreffenden Straße ihren Wohnsitz nehmen zu können.

Ist die Baubeschränkung für eine einzelne Straße berechtigt, so ist kein Hindernis aus dem § 12 vorhanden, dieselbe auf den gesamten Gemeindebezirk (abgesehen von den vorhandenen Ortsstraßen) auszudehnen und letzteres zeigt m. E. die Unzulässigkeit der vorstehenden Baubeschränkung. — Es bleibt jedoch zu beachten, daß die herrschende Rechtsprechung den Gemeinden einen weiten Spielraum in Stellung von Bedingungen für Nachlassen des Bauverbots aus dem § 12 FlG. einräumt. — Dem vorliegenden Verfahren der Gemeinde steht auch folgendes Bedenken entgegen. Ist die Gemeinde genötigt eine Anleihe zum Zwecke des Straßenbaues aufzunehmen, so erteilt die Aufsichtsbehörde die Genehmigung in Erwägung der gesetzlichen Rechte, welche der § 15 der Gemeinde gewährt. Will die Gemeinde von dem § 15 keinen Gebrauch machen, so muß sie der Aufsichtsbehörde davon Mitteilung machen, denn in diesem Falle liegt der Genehmigung nicht der Antrag zum Ausbau der Straße zu Grunde, sondern nur zu einem teilweisen Ausbau unter Verzicht auf die Vorteile, welche der § 15 gewährt. Die Gemeinde ist in ihrem eigenen Interesse gehalten, will sie Beiträge auf Grund des § 15 erheben, die Straßenbaukosten sobald es möglich ist zusammenzurechnen (vergl. S. 14, 88), unterläßt sie dies, so kann ihr bei späterer Fertigstellung der Straße gegebenenfalls der Einwand der Verjährung entgegengehalten werden.

Sachregister.*)

(Die Zahlen verweisen auf die Seiten.)

*) Zur Erleichterung der Orientierung ist unter dem Stichwort „Straße" eine möglichst umfassende Zusammenstellung gegeben.

D.

E.

F.

M.

N.

O.

P.

R.

S.

Z.

Druck von Otto Walter, Berlin S. 14.

FSC
www.fsc.org
MIX
Papier | Fördert
gute Waldnutzung
FSC® C083411

Kolibri 360 GmbH
Ferdinand-Jühlke-Straße 7
99095 Erfurt, Deutschland
produktsicherheit@kolibri360.de